校园足球发展与普及研究

耿剑峰 著

新 华 出 版 社

图书在版编目(CIP)数据

校园足球发展与普及研究/耿剑峰著. —北京：
新华出版社,2019.8
ISBN 978-7-5166-4802-5

Ⅰ.①校… Ⅱ.①耿… Ⅲ.①足球运动—教学研究
Ⅳ.①G843.2

中国版本图书馆 CIP 数据核字(2019)第 169114 号

校园足球发展与普及研究

著　　者：耿剑峰

责任编辑：蒋小云　　　　　　　封面设计：崔　蕾

出版发行：新华出版社
地　　址：北京石景山区京原路 8 号　邮　　编：100040
网　　址：http://www.xinhuapub.com
经　　销：新华书店
　　　　　新华出版社天猫旗舰店、京东旗舰店及各大网店
购书热线：010—63077122　　中国新闻书店购书热线：010—63072012

照　　排：北京静心苑文化发展有限公司
印　　刷：北京亚吉飞数码科技有限公司
成品尺寸：170mm×240mm
印　　张：11.5　　　　　　　　字　　数：206 千字
版　　次：2021 年 1 月第一版　　印　　次：2021 年 1 月第一次印刷
书　　号：ISBN 978-7-5166-4802-5
定　　价：60.00 元

前　言

　　校园足球，顾名思义就是在各级各类学校中开展的足球健身与竞技运动，其发展与校园足球活动的提出是密切相关的。校园足球活动最初是在国家体育总局办公厅下发的《关于开展全国青少年校园足球活动的通知》（以下简称《通知》）中提出来的。《通知》决定，校园足球活动要在全国大中小学校广泛加以开展，促进足球知识和技能的宣传与普及，形成以学校为依托、体教结合的青少年足球人才培养体系。随后，国家体育总局制定并下发了《全国青少年校园足球活动实施方案》，加强对《通知》的贯彻与实施。2014 年 11 月，中共中央政治局委员、国务院副总理刘延东在全国电视电话会议上强调，对习近平总书记、李克强总理关于抓好青少年足球、加强学校体育工作重要指示精神要认真贯彻，推进校园足球的发展与普及，为我国足球事业培养优秀的后备人才。2015年，《中国足球改革发展总体方案》（以下简称《方案》）发布，为我国足球的发展提出了"三步走"战略目标，包括近期目标、中期目标和远期目标。其中中期目标就是要实现青少年足球人口的大幅度增加，这一目标主要是通过开展校园足球运动来实现的。

　　为了积极响应国家的号召，快速实现《方案》的战略目标，全国各级各类学校开始广泛开展足球运动的教学与训练工作，并通过组织校内与校际的足球比赛来丰富学生的实战经验，促进学生足球技战术水平的不断提高，为学生成为优秀的足球运动员而奠定基础条件。与此同时，学校还通过足球教学与训练实践来对足球后备人才进行挖掘与培养，以此作为发展中国足球、繁荣中国足球事业的有效手段。

　　校园足球的相关师资队伍大部分都是通过发挥其在足球教学与训练或比赛中的功能与价值来支持国家提出的校园足球活动，很少有教师专注于校园足球的科研与著作创作工作。目前，关于校园足球运动的参考资料大都集中于期刊或硕士与博士论文，系统全面的专著类资料却很少。然而，校园足球乃至中国足球的发展不是仅仅依靠提高足球技战术的教学与训练水平就能够实现的，足球科研能力的提高与专著类书籍的创作同样能够促进足球运动的发展。相关的著作资料能够为足球运动的教学与训练实践提供科学的指导。鉴于此，特撰写《校园足球发展与普及研究》一书，以此来指导校园足球运动的实践教学与训练工作。

为了保证本书的逻辑性与合理性，特将本书分为七章。具体来看，第一章是我国校园足球运动的开展情况调查，主要内容包括开展校园足球运动的必要性和紧迫性、校园足球运动开展的硬件设施以及师资力量现状、校园足球运动的教学与训练现状，本章的调查研究主要是选取了一些典型的城市来展开分析的。第二章是我国校园足球运动的发展战略研究，重点对校园足球发展战略的基本概念及理论框架、战略的制定及措施进行了详细研究。第三章是校园足球运动的教学体系研究，着重对校园足球教学的任务与要求、原则与方法、组织与实施以及其对创新教育理念的应用等方面的内容分别进行了研究。第四章是校园足球运动的训练体系研究，重点研究了校园足球训练的基本特征及依据、基本规律、基本原则以及其对创新训练理念的应用等内容。第五章是校园足球教学与训练的评价体系研究，主要包括学生的身体素质评价、技术能力评价以及自我评价等内容。第六章是校园足球运动的竞赛体系研究，重点知识内容包括校园足球竞赛体系的相关理论、我国校园足球竞赛开展的现状及问题分析以及我国校园足球竞赛体系的构建。第七章是校园足球人才培养体系研究，涉及的主要内容包括足球运动文化素质、体能与心理素质以及技战术能力的培养。

本书具有很强的时代性、科学性、系统性、新颖性以及实效性，具体表现为知识性强、理论研究科学严谨、语言准确、章节划分得体、结构体系完整，对指导校园足球课程的教学与训练工作具有很高的实用价值。

本书在撰写过程中，参考与借鉴了许多专家、学者的理论和数据资料，在此向他们的辛勤付出表示衷心的感谢。由于水平和精力所限，书中难免有错误存在，敬请广大读者批评指正。

作　者

2019 年 5 月

目　　录

第一章　我国校园足球运动的开展情况调查

校园足球作为一项在校园发展足球的政策，一经提出就得到了广泛的支持。开展校园足球运动，使足球运动回归教育，这一举措有利于促进我国足球运动及足球教育的发展。本章着重对我国校园足球运动开展情况的调查进行分析，主要阐述开展校园足球运动的必要性和紧迫性、校园足球运动开展的硬件设施现状、师资力量现状以及校园足球运动的教学与训练现状。

第一节　开展校园足球运动的必要性和紧迫性

一、校园足球的发展历程

我国校园足球运动的发展经历了以下三个阶段。

(一) 萌芽阶段

我国校园足球运动发展的第一个阶段就是萌芽阶段，在这一阶段中，出现了一些比较突出的系列比赛，如"希望杯""幼苗杯""萌芽杯"等。在 20 世纪 80 年代初期，团中央、国家教育部以及原国家体育委员会共同下发《在全国中小学生中积极开展足球运动的通知》（以下简称《通知》），该《通知》要求在学校按照不同的年龄阶段划分来组织足球比赛：6～11 岁年龄阶段的学生参加"萌芽杯"岁比赛；12～14 足球年龄阶段的学生参加"幼苗杯"足球比赛；15～16 岁年龄段的学生参加"希望杯"足球比赛。

当时，校园足球活动的开展对学校有着巨大的吸引力，全国足球发展较为先进的城市中，有 1000 多所学校积极参加此项活动。然而，因为有些学校的参赛队单纯重视比赛成绩，经常运用行政命令来把所在地市的优秀足球运动员集中起来，使之组成一些学校的参赛队来参加比赛，获取优异的成绩，这一行为严重影响了比赛的公平性，也挫败了其他学校参加足球比赛的积极性。因此，仅仅持续三年之后这项比赛便不再存在。尽管足球比赛消失不见，但是一些地区的青少年业训工作仍然在有序地开展。可以说，20 世纪 80 年代校园足球运动的萌芽与兴起为当代我国足球运动的发展奠定了一定的基础。

（二）停滞阶段

我国足球运动的发展随着足球职业化进程的加快而迅速进入了一个新的发展时期。然而，从校园足球运动自身的发展情况来看，其开始进入一个停滞发展的阶段。这主要是因为职业俱乐部对一线足球训练比赛队投入了大量的精力，几乎不再重视青少年校园足球运动，也不再继续为青少年足球运动而投入。与此同时，一些办学质量参差不齐的足球学校在社会上不断涌现，这些学校中大部分都是为了收取高额的学费，很少将注意力集中在对学生足球竞技水平的培养上，这些足球学校在建立初期出现了一段时间的蓬勃发展，但之后便停滞不前，发展受阻。这一时期我国足球运动的发展受到了严重影响，"业体校—省队—国家队"是原来经过几十年才建立起来的三级训练体系，这一体系在停滞阶段完全崩溃，最终解体。此外，注册青少年足球运动员的人数不断下降，中国足球的发展面临着尴尬的处境。

（三）快速发展阶段

为了促进我国足球运动整体水平的不断提高，促进学生身体素质的全面加强，国家体育总局和教育部在 2009 年共同下发了《关于开展全国青少年校园足球活动的通知》（以下简称《通知》），该《通知》要求，对城市的各中小学校进行严密布局，使这些学校积极支持并全面开展校园足球运动，对从小学阶段到高校时期的各级各类比赛进行建立，并使之不断趋于完善，将足球理论知识与实践技能在青少年学生中进行广泛宣传与普及，创建健康文明的校园足球文化，加强对青少年足球后备人才的科学培养，使后备人才全面发展足球素养，并且突出自身的特色。为了响应《通知》的要求，还制定了相应的"实施方案"，该实施方案对全国青少年校园足球活动开展的一些重要问题进行确定，如确立了指导思想；制定了开展各级足球竞赛的目标与任务；成立了组织机构；制定了工作方针；对学校招收学生的资格和要求也有所明确，并出台了经费管理等政策。同年，在世界范围内，国际足联（FIFA）第一次提出了"草根足球发展计划"，这一国际性的足球发展计划中包括了我国将足球运动向广大中小学生进行普及与推广的工作。

2014 年 11 月 26 日，国务院在北京召开全国校园足球电视电话会议，中央政治局委员、国务院副总理刘延东在会议上强调，要认真贯彻习近平总书记、李克强总理关于抓好青少年足球、加强学校体育工作重要指示精神，坚持体教结合，锐意改革创新，推进校园足球普及，促进青少年强身健体、全面发展，夯实国家足球事业人才基础。

2015 年 1 月 27 日，教育部发布了《关于成立全国青少年校园足球工作领导小组的通知》，《通知》明确了领导小组将负责全国青少年校园足球的规划和指导，检查督促校园足球开展情况。

2015 年 3 月 16 日，国务院办公厅印发《中国足球发展改革总体方案》，将足球产业发展提升至"国家战略"，目标预计到 2025 年，大陆将建成 5 万所足球特色学校，在校生达 5000 万人，引发校园足球风潮。

2015 年 7 月 27 日，为进一步落实深化教育领域综合改革总体要求和《中国足球改革发展总体方案》，教育部、国家发展改革委、财政部新闻出版广电总局、体育总局、共青团中央联合印发了《教育部等 6 部门关于加快发展青少年校园足球的实施意见》，意见明确了校园足球发展的重点任务：提高校园足球普及水平、深化足球教学改革、加强足球课外锻炼训练、完善校园足球竞赛体系、畅通优秀足球苗子的成长通道。

2016 年教育部印发《全国青少年校园足球教学指南（试行）》和《学生足球运动技能等级评定标准（试行）》，为进一步形成因材施教、内容丰富的校园足球教学体系给予了规范和指导。

2017 年 1 月 20 日，为了进一步完善青少年校园足球训练竞赛体系有效对接，融合发展的体制机制，加快推进中国特色青少年足球训练竞赛体系，全国青少年校园足球工作领导小组办公室、中国足球协会共同研究制定了《全国青少年校园足球教学训练竞赛体系建设方案（试行）》。

2018 年 2 月 1 日，全国青少年校园足球工作领导小组办公室发布了《全国青少年校园足球工作发展报告（2015－2017）》，介绍了 2015—2017 年校园足球工作的主要做法、成效和经验，当前校园足球工作存在的突出问题以及今后校园足球工作的发展规划。三年来，教育部通过打牢普及根基。构建"特色学校＋高校高水平足球运动队＋试点县（区）＋改革试验区""四位一体"的校园足球立体推进格局，中央财政累计投入 6.48 亿元校园足球扶持资金，各省（区、市）投入校园足球的财政、体彩和社会资金等累计 196.03 亿元，全国共有校园足球场地 51054 块，"十三五"期间计划新建改建场地 38944 块，到 2020 年全国校园足球场地将达到 83726 块。据统计，2015 年全国中小学体育教师总人数为 565638人，2016 年全国中小学体育教师总人数为 585348 人。三年累计新增体育教师 73298 人，其中有足球专业背景的 15594 人。2015 年以来，全国参加校园足球小学联赛 534.70 万人次，参加校园足球初中联赛 276.13 万人次，参加校园足球高中联赛 165.35 万人次，参加校园足球大学联赛 27.90 万人次。全国参加四级联赛 1004.08 万人次。累计 15564 人次学生参与了两届校园足球冬令营和三届夏令营，实现从小学到高中全覆盖，并由外教和中方专家联合执教夏令营总营。

二、开展校园足球运动的必要性和紧迫性

（一）发展我国体育事业的要求

在 2015 年 2 月 27 日召开的中央全面深化改革领导小组第十次会议上，习近平总书记主持审议通过了《中国足球改革总体方案》。会议强调，实现中华民族伟大复兴的中国梦与中国体育强国梦息息相关。发展振兴足球是建设体育强国的必然要求，也是全国人民的热切期盼。方案提出"三步走"战略，分为近期、中期和远期目标：近期目标是要理顺足球管理体制，制定足球中长期发展规划，创新中国特色足球管理模式；中期目标是要实现青少年足球人口大幅增加，职业联赛组织和竞赛水平达到亚洲一流，国家男足跻身亚洲前列，女足重返世界一流强队行列；远期目标是要使中国成功申办世界杯足球赛，男足打进世界杯、进入奥运会。我国足球运动的可持续发展离不开校园足球活动的开展这一基础与依托。

（二）改革体育教学模式的要求

《教育部等 6 部门关于加快发展青少年校园足球的实施意见》中明确指出，把发展青少年校园足球作为落实立德树人根本任务、培育和践行社会主义核心价值观的重要举措，作为推进素质教育、引领学校体育改革创新的重要突破口。教育部体卫艺司王登峰司长在江苏海门校园足球新闻发布会上表示：校园足球工作是推动学校体育改革的探路者，学校体育的改革将根据校园足球工作取得的成绩和存在的问题及未来的发展思路形成推广模式，要把在足球方面取得的经验尽快地推广到篮球、排球、冰雪运动、武术等项目中去。2016 年，教育部已经在试点推进校园篮球工作，效果非常明显。在冰雪运动进校园、中华武术进校园和其他运动项目进校园上，也将参照校园足球的模式，建立校园篮球、校园冰雪、校园武术等特色学校，建立健全各个运动项目教学指南、教学大纲，

制作教学视频，加大对师资队伍的培训和场地设施的改造力度，使整个学校体育从教学、训练和竞赛方面全面推进。学校体育教学改革真正落到实处之后，将有 5000 万的学生在学校里一直学足球、练足球、赛足球，有 3000 万的学生学篮球、打篮球、练篮球、赛篮球，有几千万的学生每天、每周学武术、练武术、赛武术，整个学校体育的面貌和整个中国体育的面貌都会发生翻天覆地的变化。

（三）促进青少年全面发展的要求

足球运动的教学训练和竞赛的长期开展，校园足球运动的不断推广与普及，使学生的运动意识和健康意识在潜移默化中形成，促进学生良好生活习惯的养成，这不但有利于学生身体素质健康水平的全面提高，也有利于促进学生和谐发展，成为德智体美全面发展的建设者和接班人。德智体美全面发展中的体育是整个人才培养的基础，同时体育还是对德育的磨砺，也是对智育的催化，对美育的启蒙。

第二节　校园足球运动开展的硬件设施现状

一、校园足球硬件设施的总体现状

（一）硬件设施数量

制约校园足球运动开展的主要因素中包括我国严重缺乏足球训练场地这一关键因素。《教育部等 6 部门关于加快校园足球发展的实施意见》中明确指出：足球特色学校每周必须安排一次足球课。但现实情况是因场地限制根本无法满足足球课的教学要求，而且这一情况在短时间内很难改变。我国的校园足球特色学校大都集中在市区，原学校运动场普遍较小，受到城市建设跟学校建设等客观因素的影响，在原校区内进行场地扩建也是比较困难的。尽管一些地区尝试在楼顶区域进行足球场地的建设，但由于房屋设计及安全等问题，这一方式并没有很好地进行推广，也就极大的限制了校园足球场地扩建的手段。并且这一问题在全国是普遍性的，严重制约了校园足球运动的普及与提高。

通过调查我们还发现，全国校园足球场地硬件条件呈现发展不平衡的现状。由于重视程度、土地价格、城市规划等原因，校园足球发展重点城市好于一般城市；三、四线城市发展好于一、二线城市；新规划城区好于老旧城区。

目前我国设立全国青少年校园足球改革试验区 12 个（其中省级试验区 3 个，分别是上海市、内蒙古自治区和云南省；计划单列市、省会和地级城市 9 个，分别是青岛市、厦门市、深圳市、成都市、武汉市、兰州市、郑州市、延边朝鲜族自治州和滨州市），改革试验区的校园足球场地建设情况大大好于一般城市。对郑州市的校园足球发展现状调查显示，根据对郑州市部分初级中学足球教练员所进行的调查，目前有 54.90% 的调查对象所在学校拥有 1 块 11 人制的标准足球场，有 21.57% 的调查对象所在学校拥有 2 块 11 人制的标准足球场，有 19.61% 的调查对象所在学校拥有 3 块 11 人制的标准足球场，也有 3.92% 的调查对象所在学校拥有 4 块 11 人制的标准足球场。另外，有 13.73% 的调查对象所在学校拥有 1 块 8 人制足球场，9.80% 的调查对象所在学校拥有 2 块 8 人制足球场，3.92% 的调查对象所在学校拥有 3 块 8 人制足球场。而一线城市指的是在全国政治、经济等社会活动中处于重要地位并具有主导作用和辐射带动能力的大都市。社会评判一线城市的常见标准包括：房价、城市发展水平、生活水平和人均收入、辐射带动能力、对人才的吸引力、国际知名度等等。北京是我国四个一线城市之一，对北京市校园足球特色学校的调查显示，北京市共 247 所校园足球特色学校，仅有标准 11 人场地 67 块，7 人制场地有 146 块，五人制场地有 33 块，室内 5 人制场地有 7 块，其他足球场地有 23 块。显然场地设施无法满足校园足球活动教学与训练的开展，但要想在一线城市寸土寸金的地方对现有学校进行扩建，增加标准的场地建设供校园足球开展是不现实的。

山东省烟台市芝罘区是原烟台市委、市政府所在地，是原烟台市的核心城区，该区义务教育阶段共有六十多所学校，其中初中十余所，小学四十余所，共计六万多名在校学生，但无一所学校有标准的足球场地。

综上所述，校园足球活动开展因场地硬件条件受到了很大的限制，无法达到开展校园足球活动的目的，因此增加校园足球场地与设施十分必要。

（二）硬件设施质量

足球运动这项体育项目对场地与器材有着较为严格的要求，如果场地与器材不达标，就不利于足球训练实践的开展，而且容易使运动员发生运动损伤。当前我国十分重视校园足球活动的开展，国家和地方财政也对此相应地不断增加投入，专门有用于校园足球开展的专项经费，对校园足球的场地和器材提供保障。

目前，我国校园足球场地主要有天然草皮、人工草皮、塑胶场地、水泥及土场等类型。草皮足球场因能减少伤害程度更适合校园足球活动的开展。人工草皮近些年成为主要推广方式进入校园，其性价比更适应现在我国的整体情况。人工草皮具备以下优点：

（1）弹性良好，表面具有减震效能。

（2）在上面走动完全自如，提供与天然草浓密草皮一样的扭矩脱离率，不会扭伤足踝或膝盖韧带。

（3）球运动速度、反弹力与天然草几乎一致。

（4）极佳的牵引力，使运动员能准确地判断球的运动方向。

（5）防紫外线，耐磨性佳，降低噪声。

（6）表面不会结成泥浆，不会结冰，无须因天气改期，在任何天气下均能提供最佳性能。

（7）安全，表面抗滑阻力极低，提供柔软的承托感觉，内部填料令微生物无法滋生。

（8）使用寿命长，用途多，可连续使用，无须关闭运动场待草生长。

（9）无须播种、重铺草皮、施工、人工照料、机器管理，节省了天然草场地的保养费用、损耗。

（10）排水良好，铺在碎石地基上每小时可吸纳 26 毫米的雨水。

随着国家加大投资力度，当前的设施质量得到了较大提高，各地中心城区的中小学的场地基本都改建为人工草皮，为校园足球活动开展提供了良好条件。对北京市校园足球特色学校的调查显示：247 所校园足球特色校场地中人工草坪有 181 块，天然草坪 20 块，塑胶场地 47 块，水泥等硬化场地 9 块。但我国经济欠发达地区的校园足球的硬件设施质量仍然严峻。

第三节　校园足球运动开展的师资力量现状

本节对校园足球运动开展的师资力量现状的研究同样以中小学为例进行详细分析与说明。

一、校园足球师资的相关概念

校园足球师资指的是对学生进行足球指导、教育、训练、管理以及宣传等相关工作的队伍。学生参与足球运动的积极性、足球训练与学习的水平与质量以及足球竞技水平的提高等从一定程度上来看，受到以下几种因素的影响甚至是决定性的影响：学校师资队伍的结构与专业素质、学校培养人才的理念、模式以及方法等。所以，在校园足球活动的开展过程中，足球师资所发挥的作用是巨大的。

目前，中小学校园足球活动开展过程中涉及的师资主要有三类人员，即足球教师、教练员以及指导员。

（一）足球教师

足球教师指的是接受过专业足球教育与训练而且能够在学校中将足球知识与技战术传授给学生的体育教师。足球教师主要负责促进学生身体素质的发展，使学生对足球产生浓厚的兴趣并积极参与其中，促进学生足球机能水平的不断提高。作为足球教学的主导者，足球教师主要负责足球教学与训练工作，其是组成中小学足球师资队伍的重要部分之一。

在中小学足球教学的具体实践活动中，足球教师所掌握的足球理论知识必须要科学且丰富，这样才能保证足球课堂教学与宣传活动的顺利进行。同时，足球教师也要具备一定的足球技战术能力，这是保证足球训练活动开展与足球比赛水平提高的关键。

具体来说，足球教师的任务主要包括以下四点。

首先，足球教师要将足球专项运动的相关理论知识与实践技能传授给学生，使学生全面掌握足球运动。教师还要负责学生对足球运动意识和价值取向的正确确立，激发学生对足球训练与比赛的积极参与，使其自觉主动地学习足球运动的知识，从而使学生树立对足球运动的"终身锻炼"理念，并使其养成良好的学习习惯。

其次，足球教师是塑造、实现课程标准的决策者，有责任对新课程标准的实现，以学生的不同性别、年龄以及个性特点为参照依据，对足球课程、教学目标与任务、教学内容与方法、教学评价方法以及考核标准等进行科学合理制定。在对学生的足球学习活动进行指导的过程中，要重点坚持的指导思想是"健康第一"，注重对学生意志品质的培养，使正确的体育观、人生观以及价值观等在学生大脑中得以形成。

再次，普通教师的工作也是足球教师同样需要履行的职责，如对学生日常管理事务的负责，管好班级纪律，对学生进行思想教育工作，制造良好的学习氛围，做好开展足球教学活动的准备工作。

最后，足球教师还要负责足球运动的科学研究工作，具体包括以下三点。

（1）对与足球相关的期刊论文进行发表。

（2）对足球运动相关方面的教材或著作加以出版。

（3）对校级、市级、省级、国家级的足球科研项目进行研究。

综上所述，足球教师的任务是繁重的，需要履行多方面的职责，这就要求足球教师具备很高的综合素质能力。具体包括以下几点。

第一，职业道德和专业修养水平要高。

第二，足球理论知识要丰富，同时要有很好的教学能力。

第三，足球技术水平与对学生的训练能力水平要高。

第四，组织与管理足球运动的能力要高。

第五，要有较高水平的足球科学研究能力等。

第六，要具备良好的沟通能力和表达能力。

（二）足球教练员

足球教练员指的是在足球运动的训练实践中，对足球运动员直接进行培养与训练的足球工作人员。足球教练员需要具备的足球理论知识一定要丰富，其所掌握的技术水平与能力一定要高，并且对创新的足球训练模式与方法要有所了解，能够全面地对学生的思想意识、身体素质、技术水平以及品德素养等产生积极的影响作用，使学生对足球运动的掌握程度在原有的水平上不断加深。

在中小学的足球教学实践中，足球教练员的主要职责是做好足球运动的训练与比赛工作，管理好球队，使学生的身心健康得到保证，并在此基础上促进学生足球战术水平与竞赛能力的提高，促进学生实战经验的丰富与能力的增长，从而引导学生在足球竞赛中获得良好的成绩，使球队的形象和学校的形象得以良好地树立，也为我国足球运动的发展培养高水平的后备人才，促进我国足球事业的繁荣与发展。所以说，中小学足球师资队伍离不开足球教练员这一支重要的力量，校园足球人才的培养质量直接受到足球教练员的影响。

由上可知，足球教练员需要承担多方面的责任，因此其在学校所充当的角色也是多元化的。具体如下。

首先，足球教练员主要充当的角色是教师，其需要以青少年的年龄、性格以及个性特点与足球基础水平为参照依据，对足球教学模式、内容以及方法等进行合理选择，促进足球教学质量和效率的有效提高。

其次，足球教练员的教师角色与足球教师有所区别，因此要求足球教练员不仅具有足球教师所具有的基础能力，而且还需要具备其自身所特有的特殊能力。

其中，基础能力主要包括以下几点：控制球队的能力；对足球技能的掌握能力；计划、组织、实施和管理足球训练和竞赛的实践能力；对足球竞赛环境的适应能力。

特殊能力具体包括以下几点：选材能力、拓展能力、科学研究能力等。这些能力对教练员提出了很高的要求，教练员首先必须是一名足球运动员，有着较高水平的足球技能水平，而且实战经验也要很丰富。教练员组织与管理训练及比赛活动的能力也要达到一定的水平，并且要对足球教学模式进行创新，要使训练氛围活跃，提高学生参与足球训练的兴趣与积极性。

再次，在校园足球的训练实践过程中，足球教练员要向学生耐心解释在训练中出现的一些问题与解决措施，促进学生足球训练质量与效果提高，使学生形成基本的足球竞技能力。此外，足球教练员还要充当心理教师，做好学生的心理工作。例如，解决学生在训练中的心理疑问，对学生在训练中出现的不良情绪进行调节，针对不同的学生进行心理辅导。

总之，中小学足球教练员在足球教学与训练实践中，所发挥的作用是多方面的。所以，足球教练员要不断提高自身的教育素养，也要对自身的教学能力、组织与管理能力主动进行提高。与此同时，教练员也要尽职尽责，严格履行自己的职业与义务，为校园足球运动的开展贡献力量。

现阶段，担任我国中小学足球教练员的人员一部分是来自不同级别体育院校和师范类体育系足球运动相关专业的本科生与研究生，也有一些是来自高校足球队的运动员、俱乐部教练员或运动员等。后者的足球实战经验比较丰富，足球技能水平较高，这与中小学足球教练员的职位要求是相符合的。

我国足球教练员与足球教师相比较而言，具有一定的等级制度。这一系统的等级制度使选拔与评价足球教练员的工作可以参考一定的指标来进行。具体而言，目前我国足球教练员主要分为五个等级，即职业级、A级、B级、C级以及D级。其中，职业级与A级足球教练员可以负责高水平与职业足球队的训练工作；B级足球教练员主要负责15岁以上青少年群体和成人业余群体的足球训练工作；C级与D级足球教练员主要负责14岁以下的青少年群体的足球训练工作。

目前，在中小学足球师资队伍中，足球教师与足球教练员是两个非常重要的组成部分，二者的背景、个性、作用与角色都是有所区别的。通常而言，足球训练与比赛是中小学足球教练员的主要工作职责，这两方面的职责主要体现在实践指导方面，而足球教师则侧重理论知识方面的教授，注重对足球运动的普及，并且从事相关的科研工作，主要是从理论方面培养足球人才。这两个师资力量所负责的侧重点是不同的，但是二者相对明确的分工也是存在一定缺陷的，因此二者要在教学工作中加强沟通与交流，吸取对方的优势，弥补自身的不足，共同进步，形成合力促进校园足球乃至中国足球事业的繁荣与发展。

（三）校园足球指导员

校园足球指导员指的是具有校园足球指导员资格证书的那部分足球教师或教练员，他们是通过参加足球协会举办的校园足球指导员的相关培训而获得证书的。校园足球指导员的足球技战术水平较高，而且具有一定的培训资格。

我国中小学中的专业足球师资比较缺乏，学校中设立足球指导员这一职责岗位就是为了解决这一问题，足球指导员还具有宣传与推广校园足球文化的职责。足球协会在资格上对校园足球指导员作了较高的要求，担任足球指导员的教师或教练员要取得 D 级以上的足球教练员证书，或者要求其参加过校园足球指导员培训（由中国足球协会举办），并且要获得初级以上的资格证书。在学校中，足球指导员也需要负责普通的足球教学与训练工作，然而其工作的重点与足球教师或教练员有所不同，其主要负责开展与实施校园足球活动，这就要求他们具有丰富的理论知识与高水平的足球技能。

在职责和任务上，足球指导员与一般的体育教师相比是存在差异的。主要体现在以下两点。

首先，在职责上，足球指导员主要承担组织与编排校园足球比赛的活动，对足球训练作出具体安排，对校园足球活动的开展进行计划与组织，并且代表学校参加校际足球联赛，这时就担任教练员的责任。

其次，在任务上，由于足球学习与训练具有一定的特殊性，这就要求足球指导员对学生的课余训练进行组织，在训练中对足球人才进行挖掘。此外，也要对校园足球运动文化进行推广与宣传。

综上可知，足球指导员与足球教师及教练员相比较而言，其具有很大的工作量，并且要具有较高的足球运动水平，能运用自己所掌握的高水平知识与技能来引导学生对足球知识的学习、对足球竞赛训练的积极参与，并且引导学生形成正确的足球思想观。此外，足球指导员的工作态度要好，责任心要强，管理与掌控能力要高，如此才能使得自身的作用与价值充分发挥出来，才能更好地指导日常足球与训练及竞赛的工作，才能发掘与培养更多的足球后备人才。中小学校园足球的教学与训练能否取得较高的质量及效率、校园足球活动能否顺利进行与发展，这些都直接受到足球指导员是否具有较高的综合素质水平的深刻影响。中小学校园足球运动的开展与发展需要各级学校配备充足的足球指导员，这是校园足球活动可持续发展的必要条件。

二、校园足球运动开展的师资力量现状

下面对校园足球运动开展的师资力量现状的研究主要以河南省中小学为例来展开详细分析。

目前，在河南省有开封、洛阳、新乡和许昌共 4 个校园足球省级布局城市。这四大校园足球布局城市与其他城市比较而言，足球氛围较好、基础设施较为完备、推广较为普及，并且受到各级政府与领导的高度重视与关注。从 2013 年至今，校园足球活动在这些布局城市的发展取得了一定的成就，然而出现的问题也是很多的，这些问题具体包括社会、家长以及学生没有正确认识校园足球活动的重要性；足球活动开展的硬件设施不足；没有规范的组织活动；没有足够的政策保障；尤为重要的是，校园足球的师资力量存在着许多较为严重的问题。

河南省各级政府部门以及教育部门十分重视中小学校园足球的开展，重视足球的教学质量与训练水平，因此就需要迫切解决足球师资队伍中出现的一些问题，要重视对高质量以及高水平足球师资力量的建设与培养，使不同的师资力量能够在自己的岗位上全心全意地为校园足球运动的开展而贡献自己的力量，发挥自己的价值，保证中小学校园足球教学与训练的持续性发展方向。

然而，河南省中小学校园足球活动的开展起步较晚，没有足够的足球师资队伍，而且一些师资力量并没有明确自己的职责，在工作中推卸责任的现象经常出现，此外，河南省并没有足够的足球教育机构，这些都使河南省中小学校园足球活动的开展受阻。由于没有足够与完善的足球师资队伍，因此足球后备人才的培养就受到制约，学校开展校园足球活动的积极性也受到阻碍。所以，增加中小学足球师资力量并对其进行完善是开展校园足球活动需要迫切解决的主要问题。

足球教师是促进校园足球运动宣传与发展的最直接的师资力量，校园足球开展的质量与效果直接受到足球教师专业技能水平的决定性影响。关于对中小学足球教师和足球教练员的要求在《河南省青少年校园足球联赛规程的通知》（由河南省教育厅与体育局联合下发，以下简称《通

知》）有明确说明，该《通知》提出以下三点要求。

首先，负责校内足球竞赛的足球教练员需要参加 D 级教练员的相关培训。

其次，负责足球市级竞赛的足球教练员需要获得 D 级以上的教练员资格证书。

最后，负责省级足球比赛的足球教练员需要获得 C 级以上的教练员资格证书。

具体来说，河南省校园足球布局城市中小学中足球师资力量的现状从以下几个方面表现出来。

（一）师资的主要来源

随着我国中小学校园足球活动的不断开展与普及，中小学生中喜欢足球、参与足球运动的人数越来越多。然而，校园足球的师资力量却没有得到相应的增加与完善。一些中小学在对足球教师进行选拔与聘任时，没有依据足球运动开展的实际情况来进行。这是中小学中足球教师力量比较缺乏的主要原因所在，这一问题对学生参与足球学习与训练的积极性造成了不利的影响。

目前，河南省中小学足球师资主要来源于以下三个方面。

1. 体育院校和师范类体育专业学生

目前，河南省开展校园足球活动的中小学中的足球师资队伍很大一部分是体育院校和师范类体育专业学生。据调查分析，这些学校的整个足球师资队伍中有 70% 来源于此。这一部分足球师资在大学或研究生时期，参加过很多的足球训练与竞赛活动，也通过这些活动使自己的足球知识与比赛经验不断丰富，技能水平不断提高。大学或研究生学校也以促进其足球技战术水平的提高为目的精心培养他们，这主要体现在以下两个方面。

一方面，这部分师资在大学或研究生时期，学校将全面的足球理论知识及相关教育知识传授给他们，以使其足球运动的素养及内涵不断得到提高。

另一方面，学校将足球教学方法、模式、心理教育方面的理论与实践知识向其传授，并且将教师资格的培训与考试方面的内容也提供给他们，以使其毕业之后能具备一名合格足球教师所应有的基本素质。

然而，通过调查得出，河南省的校园足球布点学校中，有很大一部分尽管对单独的足球教师进行了设置，然而有很多足球教师并非是学习足球专业的，也有大量的其他体育教师担任足球教师的情况。而且大部分的足球兼任教师并没有受过专业的足球培训，其所掌握的足球知识与技战术水平都是不专业的，甚至有一部分所谓的足球教师都没有掌握足球的基本知识，担任足球教师之后才开始有意识地学习足球，真正接受过足球专业培训的教师很少。

2. 足球俱乐部的教练员或运动员（退役）

来自足球俱乐部的教练员或退役运动员的足球师资是学校主动聘请而来的，使他们负责学校的足球训练与比赛指导工作。这一部分师资的足球技战术水平较高，而且比赛经验也很丰富。他们在促进学生足球技能水平提高的过程中，充分运用了自身丰富的足球训练与比赛经验，这有利于学生向优秀足球运动员的发展。

目前，不仅中小学十分注重对俱乐部教练员与退役运动员的聘任，而且一些高校也十分重视将这部分师资融入自己的足球教学中。在如此激烈的竞争环境下，中小学中能够对足球教学与训练进行指导的退役运动员和教练员十分稀少，在整个足球师资队伍中，这部分师资不足10％。而且，这部分师资大都出现在一些具有优秀足球传统文化的学校，其他学校中很少，甚至没有。

3. 高校足球队的运动员和相关体育专业的学生

高校足球队的运动员和相关体育专业的学生与第一类师资来源的学生相比较，其最重要的目标就是促使自身足球技战术水平的不断提高，这部分学生长期都在进行足球训练，参加过不同规模的足球比赛，对足球运动技巧有全面深刻的认识，对足球战术策略也有充分的掌握；而且通过比赛使自身的比赛经验也日渐丰富。此外，他们也十分注意与重视足球运动的训练技巧，对足球训练方法不断进行创新，而且能够灵活处理训练中出现的一些问题。与体育教育专业的学生相比，其所掌握的足球理论知识与实践技能水平都比较高。所以说，中小学足球师资力量中，这部分师资占据十分重要的地位。然而由于这部分师资的学历水平较低，而且综合文化素质也比较欠缺，所以他们中很少有获得相关资格证书的，这就导致具有高技能水平的运动员无法成为足球教师。

（二）师资的年龄

足球教师的足球教学经验能够从其年龄结构中直接反映出来，是否具有合理的足球师资队伍也可以通过其年龄有所反映。通常而言，如果是教学经验丰富的足球教师，其年龄就比较大，其能够很快地准确了解学生的个性特征、身体素质水平、对足球知识的需求以及足球学习的特点，并能够以此为参照依据，对足球教学与训练方法做出适当的选择。然而，年龄较大的足球教师也存在缺陷，具体表现在，这部分教师长时间没有参与足球训练的实践活动，其缺乏最新的足球技战术方法与技巧，而且其与中小学生的沟通也会存在问题，会产生代沟，使学生难以从足球学习中感受来自教师的亲和力，其与学生的距离也就产生了，这对学生的培养效率与质量是极为不利的。

足球师资中有一部分是比较年轻的，即年龄比较小的，这些教师主要来源于即将毕业或刚刚毕业的大学生或研究生。这类教师在大学或研究生时期接受过系统且专业的足球教育，其长期进行足球训练，经常参加足球竞赛，其所掌握的足球技战术水平较高，而且也有丰富的实战经验；与年龄较大的教师相比，其与学生之间的隔阂与代沟较少，能够很容易地与学生沟通，使学生愿意主动与其沟通与交流。然而，这部分教师的主要不足是缺少丰富的教学经验，没有充分认识到学生的足球运动特点，选择的教学内容与方法也不恰当。

综上所述，中小学校需要对足球师资力量的年龄结构进行合理的构建，如此才能使不同年龄段足球教师的缺陷得到有效的弥补；并且能够有效地传承学校的足球教学理念、方法以及模式，以此来促进足球教学与校园足球活动不断向前发展。

目前，我国中小学开展校园足球活动处于初步发展阶段，足球师资队伍的建立与完善还需要经过一定的时间才能完成，所以，我国中小学足球师资中年轻化的趋势较为突出。

（三）师资的学历

足球教师的受教育程度和专业水平能够通过其学历体现出来，对足球教师的知识水平和教学能力的衡量也离不开学历这一重要指标。足球教师的科研水平与发展潜能一定程度上也能够通过其学历反映出来。对整个足球师资队伍结构的衡量主要是看足球师资中是否具有合理的学历结构，足球师资队伍的教学能力直接受师资学历结构的影响，在足球科研工作中，足球师资队伍能否取得良好的科研成绩从根本上需要合理的师资学历结构做保证。

目前，校园足球活动在全国一些城市中得到了广泛的开展与普及，在这一背景下，尽管河南省校园足球布局城市的中小学的足球师资不断增长，但与足球发达国家的足球师资队伍相比，我国依然比较落后。

据调查，河南省一些中小学的足球师资的学历大部分是本科以上，从这一点来看，其综合学历水平还是比较合格的。然而经过采取调查问卷的形式进行分析与研究之后发现，虽然教师大多数具有本科学历，然而其大都来自体育学院和师范类体育专业，尽管这部分师资的文化素质方面与足球专业运动员比较来说具有突出的优势，然而这些教师中有很大一部分没有接受过专业的足球训练，水平较高的的足球教师学历又比较低，没有足够的足球教学与科研能力。校园足球活动的开展因为这种矛盾的存在而受到了严重的制约。

（四）师资的职称

中小学足球师资的学历水平、足球理论知识水平和科研能力能够通过其职称结构反映出来；足球教师将足球教学实践与经验向足球理论知识的转化能力也能够通过其职称结构反映出来，足球教师运用足球理论知识对足球训练实践进行指导的能力同样可以从其职称结构反映出来。所以，中小学足球师资队伍的职称结构能够综合体现整个足球师资的专业素养与教学能力。

目前，我国中小学足球教师的职称结构水平处于中低等阶段。调查显示，我国中小学不同类型的足球师资中，没有取得任何职称的占20％；取得初级职称的占40％；取得中级职称的占30％；取得高级职称的占10％，如果用图形表示，这一职称结构呈现出金字塔的形状。取得初级职称的师资所占的比例大；取得高级职称的师资所占的比例小。造成这一局面的主要原因之一是，许多中小学学校的领导没有充分认识到足球运动的重要性，认为学生的升学率和上级的考核与足球教学无关，认为其的存在是可有可无的。所以，在对教师的职称进行评定时，通常主要考虑文化课教师，所以使足球师资的职称总是处于较低水平。这个问题的存在使足球师资对教学内容与方法进行创新的积极性受阻，不利于培养与管理足球后备人才；甚至会影响足球教学工作的正常进行。

据调查，河南省中小学足球师资的职称评定情况也是存在问题的，在占到所有足球师资的33％的初级教师中，没有取得任何职称的教师达19％，而且只有9％取得了高级职称，其中取得职称的年轻教师很少，主要是因为年轻教师的执教时间较短，所以很难对其进行职称评定。在教师看来，职称是十分重要的，教师未来的发展与职称有很大的关系，其工资多少也与职称有直接的关联，甚至其生活水平和质量也受到职称的影响。倘若学校不能保证足球师资的基本生活，教师在足球教学中的积极性就会受到不良影响。因此学校要将足球教师职称评定重视起来，善于挖掘中青年足球师资，对优秀的足球教师进行重点培养，加强教师工作的积极性与主动性。

（五）师资中教练员的等级

足球教练员的训练水平和训练能力能够从足球教练员的等级得到所反映，对足球教练员专业能力的衡量离不开等级这一重要指标。足球竞赛活动的开展直接受到足球教练训练能力的影响。合格的足球教师不但要把教学任务高质量地完成，还要对足球竞赛活动积极进行开展，科学指导学生的训练与比赛。

通过对河南省中小学的足球教师进行调查发现，这些足球教师还没有获得职业级和 A 级别职称的，这主要是由于通常获得职业级和 A 级别职称的足球教练主要负责成年队的训练工作，负责青少年的很少，甚至没有。没有获得任何足球教练员资格证书的占绝大多数，这些足球教练大多数来源于普通高校的毕业生，获得 C 级与 D 级足球教练资格证的只占很少一部分。

（六）师资的运动等级

中小学是我国开展校园足球活动的主要对象，中小学中的学生几乎没有任何的足球基础，足球教师面对这样的教授对象，需要在具体的教学与训练实践中，给学生详细示范正确的动作，对各种足球技术动作都能够熟练地完成，要对足球动作的重点进行详细讲解，语言要简单易懂，使学生能够在活跃的的学习环境中对足球基本技术动作进行掌握，足球教师的这些职责要求其要具备较高水平的足球运动能力。

足球教师的足球素养与能力在相当的程度上是从其足球运动等级反映出来的，对足球教师执教水平进行衡量的指标中，运动等级是其中之一。

据调查，河南省中小学足球师资的运动等级普遍较低，尤其是那些毕业之后直接上岗的足球教师。一些足球教师甚至没有任何运动等级，只是在高校期间对足球专业进行了攻读。在教学中，部分学生会不满意足球教师的教学质量与效果，认为足球教师不具备较高水平的执教能力，不符合自己对教师的期望。由此可见，中小学要督促足球教师不断提高自己的业务学习能力，对足球师资的技术能力进行重点培养，使其具备足球专项教师应有的足球素养。

第四节　校园足球运动教学与训练现状

一、校园足球运动教学现状与发展趋势

（一）校园足球运动教学现状

足球运动具有很强的娱乐性，而且常年都适合开展，因此其在学校中具有较为广泛的学生基础。然而，目前我国校园足球教学中依旧存在许多突出的问题，主要从以下几个方面表现出来。

1. 教学目标不合理

目前，很多学校在制定足球教学目标的过程中，单纯对阶段教育比较关注，从而对终身足球教育有所忽略，这与学校足球教学的国家目标是不符合的，而且足球教学目标中对相关的文字说明没有明确，对足球教学效果的说明也比较模糊，使足球教师与学生不明白足球教学任务完成之后，学生如何表现才能称得上是教学目标的实现。与此同时，足球教学目标的制定中指标性的描述也是不足的，判断足球教学任务完成的标准也没有明确制定出来。这样的足球教学目标无法科学指导足球教学实践工作。

在足球运动的理论教学过程中，大部分学校将教学目标阐述为对足球基本理论知识、训练方法、竞赛规则等的全面掌握，然而教学目标如何才算实现没有明确的标准，这样制定出来的足球教学目标只是形式而已，足球教师讲授足球基本知识、锻炼方法、竞赛规则仅仅需要几节课的时间，足球课的理论教学就这样在几节课后了了结束。而学生是否掌握了这些知识，掌握程度如何，没有明确的判断标准，也就无法对其进行合理测定。

2. 教学内容与对象不符

足球教学内容与教学对象不符主要体现在以下三个方面。

（1）足球技术动作是组成校园足球教学内容的最重要的一部分。对这一内容的教授是为了使学生对足球各项技术进行全面而熟练地掌握，提高学生参与足球活动的兴趣与积极性，使其建立终身体育的观念与意识。但是，足球技术是比较复杂的，将其作为主要的教学内容对学生了

解足球运动是非常局限的。

（2）通常，学校在对足球教学内容进行教授时，大都是按照教科书的前后顺利安排的，即先讲技术、再讲战术，将足球技战术的教学内容分成两部分单独讲解。这种安排是比较合理的，因为这是按照先易后难的顺序进行的，便于学生的掌握。而且这样的安排也反映出足球战术是以技术为基础的，使学生对这两部分的内容清楚地进行学习。即使这样，其缺陷也是存在的，主要不足是这样的安排没有将足球技战术内容之间的内在联系直观地表现出来，不同足球战术对技术的具体要求也无法得到体现，足球比赛的直观情景也不能再现。这样安排难以取得良好的教学效果。

（3）校园足球教学内容趣味性较低，难以提高学生的积极性。目前，许多学校的足球课教学内容有很强的专业性与竞技性，但是忽略了其健身性，而且教学内容缺乏趣味性。足球技术是足球教学内容的主要集中点，仅有很少的内容会涉及足球竞赛规则与足球游戏等趣味性较高的知识。足球教学内容的这种安排不符合学生的生活，也不利于学生终身体育意识的培养；而且大部分足球理论知识都比较陈旧，与时俱进的新知识很少；足球技术的训练方法没有得到有效的创新，这严重影响了学生参与足球运动的积极性。

3. 教学方法陈旧

目前，校园足球的师资队伍没有积极创新新的足球教学方法，影响了足球课堂教学的气氛，使学生的参与兴趣降低，也没有发挥主观能动性的需要，这样反过来也影响了足球教师的教学积极性。

在校园足球教学实践中，长期以来采取的都是以教师为主的传统教学方法，教师采取的教授方法也是比较传统陈旧的，其创新动机较为缺乏，足球教学监督与管理机制中，没有提出有效的措施来提高教师的创新动机。如此便使足球教学方法的丰富与创新受阻。教师为了尽快完成教学任务，经常将学生之间的个体差异和不同学生的主体需要忽略掉，没有科学遵循因材施教的教学原则，采用"一刀切"的方法对学生进行教学，没有联系学生的个体实际进行分类教学，这样不利于学生的发展与提高，而且难以取得良好的教学效果。

除此之外，在足球教学中，有些与时俱进的足球教学方法难以得到很好的运用。现阶段，虽然较为先进的手段如电化教学、录像或投影教学以及课件教学在学校大量出现，而且足球教师与学生也对其十分欢迎，但大部分学校只是偶尔使用。而且对这些先进教学手段的使用也存在着较大的局限性，这主要有以下两个方面的原因。

（1）目前，有些学校没有足够的多媒体教室，不可能在所有的理论课教学中都对多媒体进行使用，而且受传统教学意识的影响，学校大都注重文化课的教学，因此多媒体教室优先在文化课的教学中使用，因此，在足球教学中就很少被安排到使用这些设施。

（2）市场上流通的足球教学课件在数量上是有限的，足球教学要想对这些课件加以使用，就要求足球教师亲自进行制作，但是一些足球教师没有较高的计算机操作水平，因此制作课件就比较困难，甚至根本无法对课件加以制作，这也是先进教学手段难以在足球教学中得到运用的主要原因之一。

4.课余训练不足

现阶段，我国校园足球的课堂教学与课余训练是较为松散的关系。多数足球教师认为，课余训练是提高学生技术水平的有效途径。只有通过长时间的不断练习，学生才能尽快地掌握复杂的技术。大部分足球教师会建议学生充分利用课余时间进行锻炼。

然而，事实上许多校园足球的教学仅仅在课堂上实现，对课余训练重视不足，这主要是由三部分原因造成的。一是学校缺乏对课余训练的重视，放学后不能给学生创造足够的条件去进行课余锻炼，大部分学生放学后直接回家，而很多小区周围并没有适合学生活动的场所，学生只好放弃课余训练。二是教师的积极性不够，由于很多学校并没有对课余训练的工作量做出明确的界定，干多干少一个样，干好干坏一个样，致使教师缺乏足够的积极性去指导学生的课余训练。三是学生的兴趣选择，尽管很多学校都花费很大精力开展了校园足球教学，但是仍有相当比例的学生对足球的兴趣小于对电子游戏的兴趣，在课余不会主动地参与足球活动。没有充分的练习时间做保障，学生很难掌握复杂的足球技术。

（二）校园足球运动教学的发展趋势

目前，校园足球教学已经不仅仅是足球技术动作的教学，而是立体化教学，这就要求足球教学改变以往只重视技术与技能的传统意识，在教学中注重对学生体育意识、兴趣以及个性的高效培养；改变以往仅仅注重技术测评与竞赛成绩的传统，开始将学生的学习过程重视起来，注重对学生学习动机的培养与激发，注重对学生的创新思维的启发，使学生充分发挥自身的主观能动性。除此之外，要重新定位足球教师的角色，改变原来传授者的角色，使其向学生学习的指导者与合作者转变，并且注重教学组织形式的开放性。

具体来说，足球教学的发展趋势主要表现在以下几个方面。

1. 教学理论与方法将逐步完善

足球教学理论与方法的完善，关键是要对国外的一些先进经验进行吸收与借鉴，这就要求足球教师在教学活动中，对国外的先进教学思想理论与方法不断加以引进与借鉴，并通过教学实验活动来对其在足球教学中产生的作用进行考察，并且不断改造这些先进方法，使之与我国国情和足球教学特点相适应，促进足球教学新的教学思想方法体系的形成与发展。

在足球教学方法上，要对学生主动性的发挥进行启发与引导，鼓励学生积极参与足球教学活动，培养其探索意识，促进其思考水平的不断提高。足球教师在对足球技术动作进行讲解时，首先应该将动作的要点传输给学生，使学生在大脑中形成动作定型，然后教师正确示范这一技术动作，使学生一边复述动作一边练习，提高足球教学的质量与效果。

足球教师还要适当地对一些足球游戏进行安排，并且组织与比赛相近的练习，促进学生运用技术能力的不断提高，并以此来促进学生学习积极性的提高，使学生将理论知识转化为实战，促进其足球实战能力的提高与发展；在运用练习手段中，也要尽可能地与对抗及比赛相结合，如此不仅能够促进学生学习的积极性，而且能够提高其改正错误的能力。

2. 培养学生的参与意识将不断得到重视

对足球教学具有影响力的因素中，对学生学习兴趣的激发就是其中之一。现代学生的体育意识表现出较高的个性化、实用性以及鉴赏性的特征，所以，校园足球的教学内容不仅应具有竞技性，对娱乐性的教学内容也要适当增加。只有足球运动形式与学生学习足球的需求相适应与符合时，才能使学生对足球运动的参与意识得以提高。

3. 教学内容的选编将不断增强

足球课程教学需要以教材为载体。在足球运动的教学中，选择教材需要对两个层面的问题进行考虑：一是能够促进学生足球基本理论知识和运动技能的提高，促进学生养成自觉锻炼身体的习惯；二是要与学生的身心发展相适应，与学生的运动兴趣相符，满足其体育需要。具体来说，在对足球教学内容进行确定时，应对以下几个方面的因素进行综合考虑。

（1）选择的足球教学内容要具有代表性，选择比较简单的足球动作结构和方法，这样便于学生对足球知识与技能的掌握与运用，同时要注重所选内容的实用价值。

（2）要将足球比赛规则、裁判法、竞赛的组织与编排、足球发展历史以及足球运动中出现的损伤与疾病等内容列入足球教学的内容选择中。

（3）对教学内容的选择要注意其要有利于往后的学习，有利于学生足球素养的提高，有利于学生对足球技战术的掌握，有利于学生身心的健康发展，有利于学生学习与参与兴趣的提高。

4.课程目标的制定将日趋科学

能否制定出科学的课程目标涉及很多问题，如足球教学的内容、手段与方法、组织、评价等。所以，校园足球运动的教学目标应为：通过开展足球教学实践，使学生对足球锻炼的知识、手段、方法进行掌握，而且能够在掌握知识中获取快乐、调节心情，促进自身足球运动素质的提高。

5.教学组织形式的科学性将不断得到增强

在学校体育教学中，许多教师都比较赞同以学生的体育兴趣为参照进行分班教学这一组织形式。这一组织形式有以下两种。

（1）互补分组教学。例如，在足球运球技术的教学过程中，首先由足球教师进行详细讲解与正确示范，然后让学生自我练习一段时间，之后采用两人一组的练习形式，学生在练习过程中轮流扮演"教师"的角色，将反馈信息及时提供给练习者，两人一组练习有利于二者相互监督、共同进步。

（2）以学生足球运动的实际水平为依据，把足球教学班分为两个组，即优秀组与普通组，教师主要是对普通组的学生加强教学，强化对该组学生的足球实践指导，提高普通组学生学习的主动性与积极性。与此同时，对优秀组的学生也要适当兼顾，对优秀学生提出更高的要求，及时对其学习结果进行测评。

6.教学评价将更加合理

现阶段，我国校园足球教学中，通常采用的评价方法是：在所有足球技术中选择一两项作为考试内容，以学生对这两项技术进行运用的实际情况为依据，为学生打分；然后综合学生的出勤、课堂表现等做出评价，这样对学生足球学习过程的评价就形成了。这种评价方式缺乏科学性，其过于简单，没有结合绝对评价、相对评价、终结性评价以及过程性评价等有效方式。

　　因此，足球教学考核标准发展的趋势是注重评价学生的学习过程。具体评价内容包括学生在学习过程中的出勤情况与课堂表现等，然后结合足球教学大纲所要求的主观评价和客观评价进行综合评价，从而使得评价方法多元化与合理化。

第二章　我国校园足球运动的发展战略研究

足球运动作为世界第一运动，它所拥有的健身性、娱乐性和教育性等特点使其非常适合在校园之中开展。为此，在 2015 年我国也将足球改革的重点放在了开展校园足球和培养青少年足球人才方面。而从足球运动规律来看，校园足球运动的发展不能仅仅是一种单一的、随机的模式，它的发展需要在一个系统的、科学的体系内进行。因此，本章就重点研究我国校园足球运动的发展战略问题。

第一节　校园足球发展战略的基本概念及理论框架

一、校园足球发展战略的概念与特点

校园足球发展战略，是指校园足球管理部门为了实现校园足球的健康、合理和可持续发展，科学制定出的全面性、预见性和本质性的策略与决定。

校园足球发展与其他教学学科发展相同，具有非常强的专业性，而不仅仅是一种供学生娱乐的活动。因此，要想为校园足球发展制定出科学合理的战略，体育教育部门首先要为此负主要责任，承担较多的任务。为此，他们应该掌握一般发展战略的基本内涵和特点。除此之外，相关部门在研究和制定校园足球发展战略的过程中还必须充分考虑到足球运动本身的专业性、从属性和交叉性等特点，具体如下。

（1）具有专业性特点的校园足球发展战略。从宏观的产业分类来看，校园足球事业的发展应该归属于第三产业中的教育行业。为了保证校园足球发展战略的专业性，足球专业人才就必不可少，他们或者是学院派的理论人才，或者从事足球行业多年，此外这些人员还应具有较强的使命感和责任心。

（2）具有从属性的校园足球发展战略。足球运动的发展是一个宏大的工程，为了完成总体工程目标，在整体系统下就有若干个子系统各自发挥各自的职能。其中，校园足球就是这众多子系统之一。这就使得校园足球的发展战略要服从我国足球运动整体发展战略，这就是校园足球发展战略的从属性。

（3）具有交叉性的校园足球发展战略。校园足球发展战略的交叉性较为容易理解。首先，校园足球是一种"体教结合"的尝试，这种模式在我国以往已经有了一些尝试。其次，校园足球发展战略的交叉性特点还在于校园足球既是教育部门的工作内容又是体育部门的工作内容，这使得在进行校园足球发展战略制定时需要对可能出现的矛盾和问题做好充分的预估和拟定处理办法。

二、校园足球运动发展战略理论框架的构建

借鉴制定发展战略的一般程序和分析方法，校园足球运动发展战略理论框架的构建如图 2-1 所示。

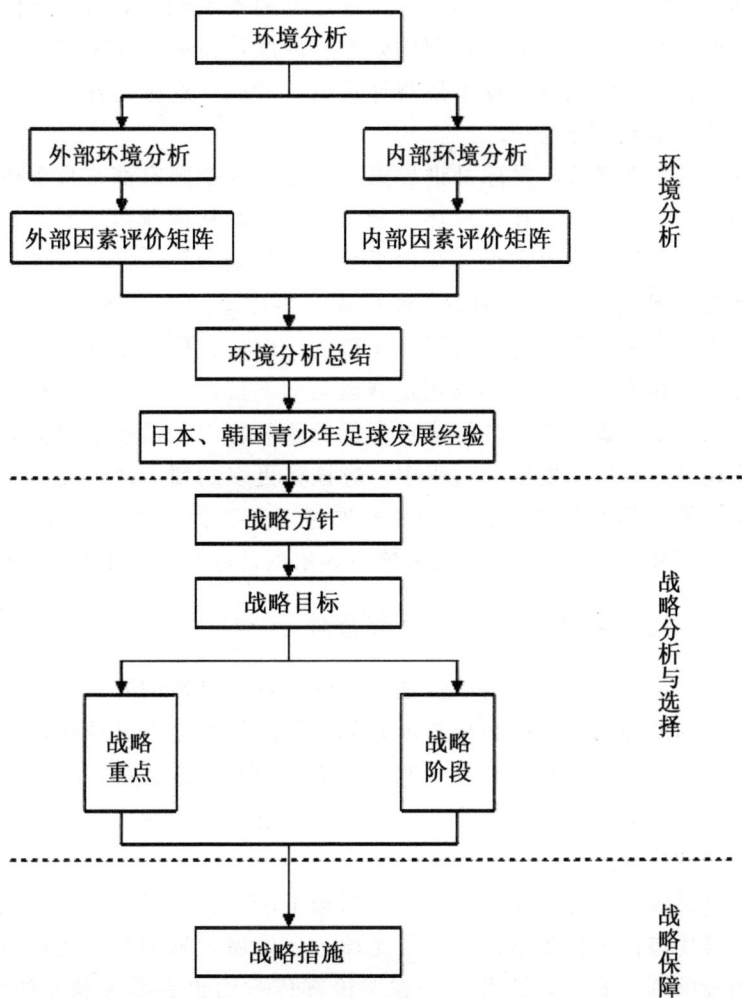

图 2-1

第二节　我国校园足球发展战略的制定

一、制定校园足球发展战略的依据

（一）足球运动发展的本质规律

实践证明，足球运动的发展并不单单是运动技战术和思维理念的发展，与此同时，足球运动的人才培养和产业发展也是发展的重要组成部分，然而这些发展都要紧密围绕着足球运动的本质规律进行，任何脱离这个规律的发展都不会获得预期的效果。因此，在制定校园足球运动发展战略时也要围绕足球运动本质规律进行。所以，这也是发展校园足球运动的重要基础工作之一。

从宏观角度来看，足球是世界第一运动，各个国家都非常重视这项运动的开展，无论是竞技足球还是健身足球。而从商业角度看，足球产业已经成为世界体育界中商业化水平最高的运动项目，这主要得益于足球运动在世界范围内的影响力。所以说，足球运动本身所蕴含的内涵，以及产生的影响，是其他项目不可比拟的。而最为依赖足球运动本质规律的便是足球人才的培养和校园足球运动的发展两方面，它具有培养耗费时间长、投入成本高和最终成材率低等不利特点。依此规律就应该知道，在校园足球运动发展的过程中，应该将更多的精力放在提高学生对足球运动的兴趣和了解方面，较少开展过于严苛的足球运动专项训练。因此，研究和制定校园足球发展战略应该依据足球运动发展的本质规律。

（二）校园足球发展的内外部条件

校园是足球运动开展的单位之一，由此校园足球的开展就拥有以校园为主的内外部条件。因为校园内外部条件的好坏会对足球运动在校园中的开展产生一定的影响，其中有些影响甚至是决定性的，如场地与设施等。因此，对它的研究是非常必要的，它也就成为制定校园足球运动发展战略的依据之一。

校园足球发展的内部条件主要是明确了解校园足球所具有的优势和不足。其优势在于只要学校确定了足球运动发展计划便会为此提供较为固定的专项资金投入，除此之外在舆论宣传方面也有得天独厚的条件；其不足的一面主要为几乎很少有学校为足球运动在校园中的开展提供充足的支持，大多数对此缺乏保障措施，同时管理体制也尚不完善等。

校园足球的外部条件是辅助内部条件作用于校园足球运动发展之中的。众所周知，校园足球的发展并不单单是体育部门或教育部门的事情，它需要多部门的联合才能获得理想的结果，因此校园足球不是孤立存在的事物。另外，外部条件诸如足球运动氛围、环境，也对校园足球的顺利开展起着不可忽视的作用，它与校园足球发展的内部环境紧密相连。因此，要想制定出理想的校园足球发展战略，对外部环境也是需要做更多考量的。对于外部环境来说，可以被校园足球利用的有利条件包括政府大力支持、体教结合培养体育后备人才的发展趋势和社会中大多数人们对足球运动健身作用和竞技成绩的需求等。当然，为了能够更好地体现出获得这些优势的效果，还需要学校尽力克服一些如应试教育大环境、重文轻武的传统思想、足球发展大环境等的负面影响。可喜的是，在中国足球改革方案出台的今天，校园足球迎来了千载难逢的历史机遇。机遇始终是与挑战并存的，挑战也是事物发展的必然经历和动力来源，如果能够将内外部优势相结合，可以想象在校园足球运动发展战略的制定中所遇到的问题一定会得到妥善的解决。

（三）青少年足球运动发展的要求

青少年是足球运动的后备力量，当然他们也是校园足球的重要参与主体。因此，这就需要在制定校园足球运动发展战略时一定不能忽视对参与主体的研究，而青少年学生对足球运动发展的要求也就成为制定校园足球发展战略的依据之一。

现代体育教育改革中特别要求了要以学生为主体，开拓出一种自主性的、自由性的，本着以人为本学习理念的教学主张。这种人本教育理念表明了只有当人愿意去学的时候，才能更好地对所学内容进行深入地理解，变"要我学"为"我要学"。

人的全面发展离不开教育，足球运动教育作为一种近年来非常受重视的体育运动教育方法，树立教育中的"人本理念"是教育获得预期目标的基本要求。

（四）足球发达国家校园足球发展的成功经验

制定校园足球运动发展战略是一项系统的工程。在我国过往的经历中几乎没有类似的带有系统性、综合性和长久性的战略规划，可以说我国的校园足球发展水平与足球发达国家的差距还较大，为此我国需要耗时十余年甚至几十年的时间才能接近。因此，在制定校园足球发展战略时就需要抱有一些"拿来主义"的精神，参考和借鉴世界足球运动发达国家的发展模式与有益方法。

当然，这种参考和借鉴不是盲目进行的，也需要一定的目的性以及选择合适的参考对象。其中最应受到重视的便是与我国一衣带水的，同为亚洲人种的近邻日本与韩国的校园足球发展经验。我国的足球运动发展与这两个国家有许多类似的地方，如现代足球的传入时间、足球职业化改革的开始时间及至学生身体条件等方面。起初日韩的足球运动水平与我国相差不大，特别是日本足球常年被中国足球压制。但日韩足球经历了二十多年的发展，直到今天他们已经将我国远远甩在了身后，他们所取得的成绩令我国望尘莫及，特别是日本女足甚至拿到了世界杯的冠军，而在十多年前，他们还是中国女足的手下败将。日韩足球相对于我国足球的成功主要在于他们选择了正确的发展路线并长期按照这一路线前行，除此之外，在路线中他们非常注重对青少年足球人才的培养，而校园足球就正是青少年足球培养的主要基地。

总的来看，日韩足球发展的成功经验带给我们的借鉴具体有以下几点。

（1）校园足球战略的制定必须在充分考虑实际国情的情况下进行。

（2）校园足球战略的制定要有宏观性、战略性、长远性和稳定性。

（3）校园足球战略的制定要有完整的学生足球运动培养体系，且应使用经过各方认可的统一的教材。

（4）校园足球战略的制定还要重视对足球运动师资力量的培养。

（5）校园足球战略的制定应重视后备人才的全面发展。

在此，我国足球管理部门应根据这些有益的做法改良校园足球的发展，制定出符合足球运动本质规律和满足学生对足球运动需求的战略规划。

二、校园足球发展的战略思想

指导思想是战略的灵魂和基础，只有首先拥有一个正确的指导思想，此后在此指导思想指导下的战略才能保证是走在一个正确的道路上。由此可知，指导思想水平的高低直接体现了一个战略的决策水平高低。

校园足球发展的战略指导思想要力求于未来可能出现的校园足球发展趋势，并且还要依据我国体教改革状况及我国足球运动发展情况的分析和结合对校园足球发展现状进行全面、客观地诊断。在这一过程中还要避免闭门造车，而是要抱着谦虚、好学的态度向足球发达国家的校园足球管理方式和战略制定方法吸取经验。目前，我国已经确定了未来校园足球发展的指导思想，这个思想以建设体育强国为动力，以足球运动发展规律为基础，以增强学生体质、推广和普及足球运动为基本任务，重点在于普及与提高足球运动在学生中的影响力，以让学生享受愉快的足球游戏和"回归运动"为基本理念，构建具有中国特色的青少年足球人才培养体系。

三、校园足球发展的战略目标

战略目标通常都是战略制定所预期达到的效果，对于校园足球发展的战略制定来说也是如此，可以说这一目标是整个发展战略的核心，这个目标应该具有预见性、长期性、相对稳定性、现实性、提高性和可行性等特点。

确定校园足球发展战略目标是全部决策活动的核心和重点。根据校园足球发展的实际情况，在制定战略目标时应该根据目标影射的不同分为宏观目标和具体目标。下面分别对这两种目标做进一步阐述。

（一）宏观目标

对于校园足球发展战略宏观目标的制定，首先要考虑到多方面因素对校园足球发展的影响，如对整体局势影响较大的政治、经济、社会等环境以及足球市场、产业等专项环境等进行考量，与此同时还要注意吸收足球发达国家的校园足球经验。通过对上述内容的总结和分析，提出校园足球发展战略的总体目标为利用15～20年的时间建立一个与我国国情相适应的、具有中国特色的校园足球培养体系，同时在此期间还要摸索制定出一套较为完备的校园足球管理体制。通过这些有益的努力，最终力求使校园足球人口获得显著增加，校园可以培养并输送一批具有一定水平的足球人才，以此为最终推动我国足球运动全面发展奠定坚实的基础。

（二）具体目标

对于制定校园足球战略的目标来说，仅仅有一个宏观目标还不够，宏观目标只是战略最终想到达成的目标，而为了实现这一目标，就必须要在诸多小任务中完成小目标，宏观目标正是由这一个个的小目标组合而成的，这就是具体目标。校园足球发展战略的具体目标是将总体目标按照纵向、横向或时序等维度分解成为零散的任务目标，这与体育教学中的教学总目标和子目标类同，具体目标是实现宏观目标的基础或组成部分。因此，在设立具体目标时应注意遵循如下几点要求。

（1）根据实际情况将宏观目标分解成为若干更具有可操作性和具体性的具体目标。此过程中需要注意具体目标的实效性，务必确定其始终是围绕在宏观目标周围，其目标的实现应完全符合宏观目标的要求。

（2）具体目标的确定需要遵循各分目标所需的条件及限制因素，如资金因素、人力因素、相关管理水平或技术保障等。

（3）对于各具体目标的分化，要本着统筹协调、有条不紊的原则在内容与时间上保证协调、平衡、同步发展，进而促成宏观目标在预期之内实现。

通过上面的阐述，再根据我国校园足球开展的现实情况可以将校园足球发展的具体目标分为以下几种，并做进一步分析。

1. 建立系统、规范、科学的校园足球管理体制

管理体制是管理行为的基准，因此几乎在所有管理工作中都会设有一套系统、规范、科学的管理体制。校园足球战略的具体目标的实现也需要依靠这样的体制。因此，根据我国的国情和校园足球发展现状，对于校园足球战略的具体目标管理体制的建立应与社会主义市场经济体制相适应，并且符合校园足球发展规律。此外，鉴于政治在我国的主导地位，还应在这一过程中充分发挥政府职能部门的支持和管控作用，特别是要做好教育部门和体育部门在校园足球中的职能分工，避免出现职能和责任分工不明、概念模糊的现象，其目的还是力求使校园足球发展在宏观和微观上均能够获得组织保证和支持。

2. 形成合理高效的资源配置方式

足球运动的开展是一件需要耗费较多资源的事业。从现代足球运动的发展趋势来看，资金对于足球的发展是必不可少的。尽管校园足球的投资力度不如职业足球那样多，但由于我国人口基数较大，且校园足球的回报较小较慢，因此对校园足球的投资效果更差，投资只能依靠教育和体育部门共同完成，如场地、资金、教练员等专门性资源。单纯依靠学校一家难以满足校园足球运动开展所需，因此，这些资源的获得会通过政府拨付或企业赞助的形式获得。尽管如此，可用于校园足球运动发展的资源仍旧相对较为匮乏。那么，如何将这些已经获得的资源用好，体现资源利用的高效性就成了检验管理水平的标准。

随着我国改革开放步伐的越发加快，原有的计划经济体制已经被更

加自由的市场经济体制所取代。不过对于校园足球资源的配置还是需要政府发挥宏观调控功能才能更好的实现，只有这样才能顺利地将不算充足的资源最大效率的使用。除此之外，市场经济体制下校园足球的发展还可以发掘社会和市场的力量，这是将我国传统举国体制搞体育在新时代的转变和创新，也是校园足球在 21 世纪的我国实现可持续发展的基础。

3. 逐步扩大校园足球参与人口

校园足球的发展需要依靠广大学校学生的积极参与。如果能够使每一个在校学生都接触到足球运动，才能将足球运动发展的金字塔的塔基打牢。因此，校园足球运动发展战略的具体目标中就应该有关于逐步扩大校园足球参与人口的目标。

为此，我国已经开始积极制定了多项措施向这个目标进发，一方面要适度、适时增加布局城市和定点学校数量，扩大校园足球参与人口；另一方面要在现有校园足球布局城市基础上，力争到 2026 年使各级布局城市的数量达到 200 个；30％的高校成为校园足球定点学校；省级布局城市定点学校的高中、初中、小学的数量分别达到 10 所、20 所和 40 所，全国布局城市定点学校的高中、初中、小学的数量分别达到 20 所、40 所、80 所，其中直辖市定点学校的高中、初中、小学的数量分别达到 40 所、80 所和 160 所；各级各类定点学校参加足球活动的学生人数达到学生总数的 50％以上；注册参加各级校园足球联赛的大学、高中、初中、小学学生人数分别达到 80 000 人、150 000 人、30 0000 人和 500 000 人。

4. 构建不同级别学校"一条龙"式培养体系

关注后备人才的培养是足球运动发展本质规律中的一项，校园作为青少年学生的聚集地自然就成为足球后备人才的培养基地。因此，完善我国足球后备人才培养的路径，初步建立起一个依托小学、初中、高中和大学的四层级"一条龙"式校园足球培养体系。这种"一条龙"式的培养体系非常有利于学生的足球运动能力的提高。尽管对于大多数学生来说，参与校园足球运动的目的仅仅是健身或娱乐，有向足球运动更高目标追求的学生不占多数，但又由于我国人口的基数较大，如此也能够涌现出非常多的学生足球人才，他们依托"一条龙"式的培养体系，能够在每一个学习阶段都保证获得良好的足球运动氛围和条件，以此使他们的足球特长得以延续，并最终成为不可多得的足球运动人才。由此我国的校园足球就造就了一条带有系统性、具体性、长期性和可持续性特点的培养路径，为我国足球事业发展源源不断地输送质量较高的足球后备人才。

前面曾经多次提到了校园足球运动的发展不是教育部门或体育部门一家的事情，甚至它的发展都要纳入国家的整体发展战略中，它要考虑到我国教育和体育事业双重发展，注重体育（足球运动）与教育的结合，其最终目的是形成科学化的校园足球发展模式，以满足我国足球事业发展的需求，完成其所承担的历史使命。

四、校园足球运动发展的战略重点

校园足球运动发展涉及的内容很多，因此，为了保证发展的过程中不偏离预定的发展目标，以及使发展始终符合实际需要，就需要明确发展战略的重点。

（一）完善校园足球管理体制

按照管理学的相关理论，领导者的决策行为一般是以责任为约束、以权力作保证、以利益来推动。为了保证决策行为的合理化，必须要建立起与权力结构相适应的利益结构，使责任、权利、利益相统一。理论终归为理论，在制定战略时所依靠的理论大多是前事总结的经验或规律，在应用过程中难免会遇到与理论矛盾的地方，这在给校园足球制定发展战略中也是如此，一方面，学生作为校园足球发展的主体参与人群，就使得学校成为校园足球开展的直接管辖部门；另一方面，对校园足球起到专业和资源支持的是各级体育管理部门。在两个部门共同管理的情况下，如果没有一个完善的制度和沟通渠道，就会出现由于管理权问题导致的对体育资源分配等多方面造成矛盾的情况。长此以往会导致管理松散，对责任相互推诿，影响了校园足球的开展水平。由此可见，要想搞好校园足球运动，拥有一个完善的管理体制是非常必要的。

（二）建立普及和提高协调发展的工作机制

从现代的实际当中看，校园足球在发展的过程中还有种种阻力和不协调的问题。其主要表现在由于长期对校园足球不够重视，无论是足球运动管理部门还是学校体育管理部门都对校园足球的开展感到无从下手，最明显的表现就是现行的发展运行机制主要以开展校园足球比赛或班级联赛为抓手，并且一度还以追求发现优秀足球运动学生为重点，关注学校足球队在校际比赛的成绩，以达到使之成为学校"王牌"的目的。实际上，如此的发展机制更多表现出了一些学校的"私心"，即将校园足球看作为学校办学水平的检验和对外的一大交流窗口而忽视了大多数学生参与足球运动的需求，这自然违背了启动校园足球的初衷。为此，建立普及和提高协调发展的工作机制就是非常有意义的环节且也是真正搞好校园足球的关键，因此应该将此作为校园足球发展的战略重点。

（三）完善政策保障体系建设

校园足球的发展不是一项朝发夕至的事情，它需要通过较长时间的实践才能获得预期的收获，甚至这种收获没有预期的大。也许正因为这些不太理想的特点，自由的市场并不愿过多地将精力投入这个领域中来。不过，要想看到中国足球与世界先进水平接近，这就是不得不走的道路。从传统意义上讲，政策是解决问题而制定的一系列的解决方案。我国目前校园足球运动的开展只能说是刚刚正式起步，此前的发展举步维艰，如学校因为害怕承担由于组织足球运动导致学生受伤的责任而几乎取消了足球运动在校园的开展；家长由于害怕孩子因为踢足球而耽误正常学业禁止孩子参与此类活动等等；再加上中国足球长期给人们留下的不利印象的客观现实都制约着人们支持开展校园足球的态度，最终的结果就是口号喊得响而真正的落实太少，久而久之这就会与其他影响校园足球发展的因素相关联，由此形成对该项运动在校园中开展不利的恶性循环。面对这些问题，有关部门需要本着对我国足球运动负责的态度，多部门联创联动，共同协商，出台具有针对性和可行性的扶持政策，解除各方对学生参与校园足球的后顾之忧。政策保证对于在校园足球运动战略正式启动的初期是非常重要的，加强这部分内容的建设也是校园足球发展战略中应予以重点关注的。

（四）加强校园足球师资队伍建设

2015 年 2 月 27 日通过的《中国足球改革总体方案》中明确写到要大幅度提高青少年足球人口，其中主要的方式就是通过校园足球来实现。因此，为了实现这一目标，就必定需要给各级各类学校配备充足的、专业能力较强的足球教师。校园足球的直接指导者是足球教师，作为大多数学生足球运动的启蒙者，他对于校园足球的顺利推进和发展具有至关重要的作用，能否激发出学生对足球运动的兴趣，并使学生将足球运动当作日常生活中不可或缺的运动方式是评判足球教师水平高低的标准之一。而目前我国大部分学校并没有专门的足球教师，代理这一职务的多为在职的体育教师，这些教师可能原本不是足球专业，而接受非专业足球教师的教学，势必会使校园足球的教学水平大打折扣。而真正具有专业足球教学资质的教师又很少，与之相关的职业水平认证标准还没有正式出台，由此使得大多数学校足球师资短缺，不得不将就使用一些非足球专业教师。这种局面长此以往必定会给校园足球发展造成限制。为此从现在开始就应充实足球师资数量，提升其业务水平，将此作为校园足球发展战略的又一项重点工作。

第三节　我国校园足球发展的战略措施

一、加强校园足球发展的舆论宣传

在 21 世纪信息化时代到来的今天，信息传播媒介和舆论宣传已经成为事物发展所必不可少的支撑渠道了。校园足球运动的开展一样也离不开舆论宣传工作，其目的就在于通过舆论宣传使社会更多层面的大众知晓和了解校园足球的重要性和必然性，进而使他们也能够积极地参与其中并且为校园足球做推广。具体来说，校园足球发展的宣传工作应按照以下两点实施。

（1）注重对校园足球的核心价值观的宣传，提高社会大多数人对校园足球的知晓率和满意率，最终形成全社会都对校园足球给予较大的支持和认可，构建和谐的校园足球发展氛围。对最广大的群众宣传校园足球运动具有非常现实的意义，其原因在于构成校园足球运动的主体正是千家万户家庭的孩子，由于受我国传统家庭观念的影响，家长对孩子的行为有一定的影响力，因此，只有通过宣传使学生、家长和学校体育管理部门等人士对此获得一个较大的认同感，只有当拥有充分的认同后，才能使在日后校园足球运动发展过程中的许多环节变得更加顺利。

（2）将校园足球发展的成功经验和案例认真总结和归纳，以便从中吸收有益的内容。特别是要发挥校园足球发展过程中的榜样作用，树立典型和标杆，有效地引导和促进各布局城市校园足球的健康、有序开展，如日本为了发展本国的校园足球运动创作了如《足球小将》等优秀的反映青少年足球运动题材的动画片，反响极佳，甚至对我国青少年足球运动的开展也产生了影响。

媒体的大力宣传一定是校园足球宣传推广工作中不可或缺的力量。特别是应该借助多样化的现代便捷信息传播途径，如网络、电视等媒体并结合青少年的身心特点，形成以网络媒体为现代宣传核心，电视、广播和报纸杂志等为传统宣传核心的多样化宣传载体，使其各展所长，从不同角度和终端对校园足球进行直接宣传，提高宣传的实效性和感染力。

二、加大足球场地基础设施建设

足球运动需要较多的资源予以支持，其中最主要的一项就是足球场地和相关设施的准备。从我国目前足球运动发展现状来看，可用于开展足球运动的场地非常稀少，在民间甚至有"如果把停车场都改建为足球场，那么中国足球早已进入世界杯"的言论。这也许是人们的一种对我国足球运动发展的不满，但另一方面也要知道这句话的意思在于良好的足球运动发展需要足够的场地支持。

校园足球作为不以盈利为目的的足球发展活动，自然不会吸引到足够的资金用于建设学校自己的足球场。而这对于校园足球的开展至关重要，因此，在未来一段时间的校园足球发展工作中需要特别关注足球场地的建设，各学校要加大对足球教学的经费投入，同时还要进一步利用现代教育高科技手段对足球教学的内容进行研究、开发和运用，为校园足球教学与训练的深入开展奠定重要的基础。

三、优化校园足球师资力量

足球运动发达国家之所以能够保持良好的校园足球运动水平，除了拥有长期贯彻的足球运动发展方案外，他们还非常注重足球师资力量队伍的建设工作。特别是对于初步接触足球的少年儿童，足球启蒙教育对他们对此项运动的了解和热爱起到直接的作用。为此，我国也应进一步建立和完善足球教练员队伍的培养和建设。足球教师（教练员）是校园足球主体之一，他们担负着启迪和指导学校足球运动的重任。我国校园足球要想实现长远的发展，就不得不对对学生足球认识影响较大的师资力量培养的环节予以重视。不过从我国校园足球运动开展的现状来看，我国的足球师资队伍建设尚不完全，师资力量较弱，不能满足校园足球活动的需要。为此，特研究谋求完善师资力量建设的几点办法，具体如下。

（一）扩充校园足球师资数量

要想将校园足球活动开展得多姿多彩必然离不开众多拥有专业足球特长或教学经验的足球教师。不过我国目前学校中的专职足球教师的数量极少，现有人数远远不能满足校园足球活动的需要。鉴于此，为了缓解这方面的不足，应该尝试建立教师聘用机制的改革，完善足球师资队伍补充机制，建立足球教师职业水平认证标准，给予足球教师较为优越的待遇，使其愿意扎根于校园足球，最终达到为校园足球发展注入新鲜血液的目的。

（二）优化校园足球师资质量

足球在现代的发展速度较之以往任何一个时代都显现出更加快速的特点，因此，校园足球的发展也要随之加快。为此，这就需要在给校园补充足够的足球专项师资力量后还要关注师资质量的问题。具体的优化方式可以是优化师资队伍结构、学历结构、年龄结构和职称结构等方面。经过分析认为，优化校园足球师资质量的措施主要有以下几项。

1. 推行足球教师资格制度

足球教师资格制度是有效提升足球教师足球专项教学水平的方法，属于一种要从事足球教学工作的强制标准。这种方式可以有效提高足球教师队伍的整体水平。通过资格考试的足球教师可以获得相应等级的资格证书。该证书不仅作为足球教师从事足球教学工作的"准入"凭证，还将会作为日后评定职称时的重要参考。

2. 高质量的继续教育培训

足球运动始终处在不断的发展过程中，这就说明足球教师已掌握的知识和教法很可能与现代足球运动的发展脱节且严重滞后，久而久之造成校园足球的开展质量不高，方法老旧。为此，就需要对已经获得足球教学资格的足球教师进行"再教育"，如通过必须参加每年定期举行的相应级别的强化培训，积极引入科学的训练方法和最新的信息资源等方法，从而达到不断优化指导教师质量的目的。

3. 高质量的互动交流学习

"请进来"和"走出去"都是互动学习交流的方式。我国足球运动的发展在这两方面都有过不少尝试，而校园足球也要秉承这种有益的交流方法，如定期送重点培养的足球教师或骨干力量前往足球发达国家参加培训，或者邀请一些校园足球开展较好的国家的足球指导员来我国学校内进行教学交流，吸取他们先进的足球训练理念。

四、培养学生的创新能力，提高训练的技能

（1）学生是否拥有独立创新的能力，这点对训练水平的提高具有非常重要的作用和意义。在教学中，学生如果拥有思路广阔的创新思维，才能更加深刻地对足球运动中涉及的多种内容有准确的把握。这种创新能力的产生不仅是在学生参与足球运动本身过程中产生的，它还可能是在与足球运动相关的其他学科的学习中获得的，如从运动解剖学、生物力学等角度来分析足球训练中的基本动作和原理，从而为足球训练创造良好的前提。

（2）加强对学生足球意识的培养。足球意识是足球思维中的高水平境界，它与学生的足球智商有较大关系。拥有良好足球意识的学生必定能在足球运动中表现得更加机敏。因此，培养学生的足球意识也是校园足球不能忽视的内容。对于这个意识的培养主要可以通过加强学生对足球训练与比赛中足球战术的思考，并结合自身实际，培养良好的足球战术能力，只有战术能力提高了才能为技术提高打下良好的基础。

（3）加强足球组合技术的训练和培养。足球训练是一个系统复杂的学习过程，在足球训练的过程中，学生应充分发挥自己的创新能力，加强足球各种组合技术的训练和应用，并在此基础上加强创新。这样既能提高学生在训练中的学习积极性和主动性，同时也有利于对足球技战术的理解和掌握。

五、构建足球网络信息平台

随着现代社会的快速发展，现代科学技术已越来越广泛地运用在足球运动当中，这对校园足球水平的提高是十分有益的。作为重要的人才培养基地，校园理应对构建足球网络信息平台给予关注。创建足球训练网站，创建足球信息网络平台，不仅可以实现校园足球运动的资源共享，还可以提高足球教师的科研与训练能力。从长远角度来看，这是非常有必要和有意义的事情。

第三章 校园足球运动的教学体系研究

足球运动深受广大学生的欢迎和喜爱，尤其是在足球体制改革下，足球运动在校园中得到了更好的普及和开展。本章对校园足球运动的教学体系进行研究，主要包括校园足球教学的任务与要求、原则与方法、组织与实施，以及创新理念在足球教学中的应用等。

第一节 校园足球教学的任务与要求

一、校园足球教学的任务

（一）全面提高学生的身体素质

良好的身体素质是个体从事体育运动必要的基础。足球运动要求学生必须具备充沛的体能和良好的运动技能，因此，通过足球运动的教学，能够促进学生身体正常发育，改善身体机能，增强学生身体素质。要想较好地学习和掌握足球技术和战术，增强学生的运动能力，就必须打好身体素质这一基础。

（二）培养学生欣赏和参与足球运动的能力

随着足球运动的发展，其魅力也促使更多的年轻人被吸引成为球迷。在校园中，学生已经成为足球运动最主要的关注者和参与者。起初人们对足球的欣赏几乎都处在肤浅和表面化状态，俗语为"看热闹"。而通过校园足球教学，则可以有效培养学生对足球运动的兴趣，使学生掌握足球运动的基本知识、提高学生足球运动能力、提高学生欣赏足球赛事的能力、增强学生的足球知识素养和意识，使其慢慢将"看热闹"变成"看门道"，将关注进球的精彩程度变成注意双方的技战术打法。同时，有效地发挥学生的智力和知识结构的优势，使其开阔眼界，拓宽思路。

首先，现代足球运动无论从技术还是战术方面都朝着"全面、快速、娴熟、简练、强对抗"的方向发展，这就需要体育教师在进行足球技战术教学中，要随时根据学生生理、心理和智力特点与足球技战术教学相结合，力争保存教学的趣味性和目的性。切记不要急于教授高深的足球理论或战术打法，应使学生由浅入深、由易到难地逐渐掌握足球技术和练习方法，从而获得参与足球运动的基本能力。

其次，在校园足球战术的教学中，体育教师除应详细讲授足球技战术知识外，还应注重培养学生对足球运动的兴趣与爱好，适当安排足球欣赏课以提高其欣赏能力，并把现代足球运动的理念和终身参与的习惯灌输到学生的主观意识中去，使其受益终生。

（三）促进学生德、智、美等素质的全面发展

（1）校园足球教学的德育任务：在学校体育教学中，之所以能够将足球运动纳入学校体育教学内容中，主要原因在于足球运动本身具有极强的教育性，这种教育性在对学生思想品德方面的教育表现得极为突出。具体来说，足球教学的德育主要表现在以下几个方面。

①校园足球训练紧张、对抗激烈、生理负荷大，要求学生克服内心障碍和外部障碍，以坚定的信念和顽强的意志，克服和战胜足球运动中遇到的各种困难，在遵循道德规范和准则的情况下，通过努力实现自己的目标。因此，校园足球教学与训练，可以促进学生良好的个性心理品质的形成，培养其良好的意志品质。

②由于我国计划生育政策的限制，现代学生的自我意识越发增强。这种自我意识有时更多的会演变成为自私，而忽视大众的、集体的利益。校园足球组织严密、竞赛规则严谨、技术规范严格，要求学生在运动中必须服从集体的需要，融于集体之中，正确地处理个人与集体、自由与纪律、个性与共性的关系，规范个人行为，加强组织纪律性。因此，校园足球严格、生动的教学与训练，可以加强学生的组织纪律性，使其形成良好的道德意识。

③足球运动在具体规则的约束下，始终沿着固定的方向发展。在校园足球教学与训练中，尊重师长、尊敬对手、团结同伴等行为会受到赞赏和喜爱。反之，动作粗野、无视规则、个人主义等行为会受到处罚和谴责。因此，校园足球的教学和训练能为学生营造一个强制而又自然的环境，促使学生学会控制和约束自己的行为，形成良好的道德风貌和道德行为。

④足球运动是一项由每队11人组成的队伍的竞技运动。足球比赛的获胜来自队员之间的，以积极的、健康的道德情感作为基础的协调配合和统一行动，这种道德情感是队友之间共同的责任感、荣誉感的精神升

华。因此，校园足球教学与训练可以培养学生的集体主义精神，可以培养学生与人交流、共同协作的能力以及培养其良好的道德情感。

（2）校园足球教学的智育任务：智力包含的方面有很多，其具体表现为人的注意力、观察力、记忆力、想象力、思维力以及分析判断能力等。在校园中通过对学生进行足球教学活动，可以使学生智力水平获得增长。学生学习足球运动的基本知识，发展运动记忆，在培养技术、战术的过程中分析和评价自己的行为，全面地促进学生智力的提高。这既是智育所要完成的任务又是足球教学的目标。足球教学的智育任务主要表现如下。

①训练学生的记忆力：以足球教学对培养学生记忆的敏捷性和正确性为例分析如下。首先，足球教学的实践性决定了大部分上课时间都在户外，这就要求学生在上课期间迅速识记教师的理论讲述、动作讲解、动作示范等学习内容，并且能在实际练习中记忆动作之间的联系，完整技术动作的先后次序和外在形象，以联想和再生的方式在头脑中形成正确的技术动作的运动表象，在完成动作的过程中训练记忆的敏捷性。其次，足球技战术是连续性活动，由若干技术和战术环节组成。足球练习和比赛的成功与否都建立在正确的技战术环节组成上，任何失误都有可能导致被动和失败，这样足球技战术的训练就对学生记忆的正确性提出了高标准和高要求。因此，校园足球教学与训练能培养学生记忆的正确性。

②开发学生的想象力：想象是在人们头脑中对过去感知的形象进行再加工产生新形象的过程。在校园足球教学中，学生通过想象、模仿、表现去不断地体验技术动作和战术活动。尤其是在足球比赛中，场上的情况瞬息万变，参与比赛的学生随时要通过不断变化的情况作出应变反应。例如，为了进攻得分就需要在进攻时不断发挥想象力和创造力。如果学生在踢球时没有通过思考和想象，那么比赛将会显得死气沉沉，毫无欣赏价值。由此可见，足球教学有助于发展学生的想象力。

③培养学生的观察力：足球运动要求参与者瞬间反应、判断并完成动作，因此经常参加足球运动能提高学生视觉、听觉等感觉器官的敏感度。在校园足球教学中，学生学习各种足球动作，不仅要从观察教师的示范动作来建立动觉表象，然后做出符合要求的动作；还要在技术动作的多样性和复杂性以及场上多变的环境中控制自己注意力的稳定性，同时观察同伴和对手的变化，并在瞬间迅速决策。因此，校园足球可以培养学生在观察范围上的敏锐度和选择对象上的精细度。

④提高学生的思维能力：人的左脑主要负责合理的伦理、分析的思

维，右脑主要负责情感和意志。校园足球能很好地提高学生的创造性思维能力。首先，在校园足球教学中，学生通常是在快速激烈的情况下思考问题，因此学生必须迅速地估计情况并果断地放弃错误的想法，同时作出正确决定，由此可以使思维的速度得到训练；其次，足球比赛往往情况多变，参赛双方都想控制对方和摆脱对方的制约，这就需要学生根据实际情况机动灵活地调整战略战术，及时应对场上的变化，从而使思维的灵活性得到锻炼；再次，足球技战术多样、球场赛势多变，能促使学生积极地进行思维活动，因此，校园足球教学与训练可以使学生思维的高速度、灵活性、独立性得到显著提高；最后，学生在参与足球运动时，对于场上各种情况的分析和判断都是独立的，有助于学生思维独立性的提高。

（3）校园足球教学的美育任务：美是每一个人都非常欣赏和喜爱的一种情感，没有人会拒绝美的事物。体育，也是美的一种表达方式，它体现了一种健康美、运动美（包含技术美和战术美）和意志品质的美。健康美是人体美的最基本的表现形式；技术美则是人体美和动作美的有效结合，显示了人的力量及体育美丰富多彩的内容；意志品质美主要表现为体育运动所需要的原则和精神，此外还有建筑美和服饰美等。足球运动的美育任务主要表现在教学过程中应注意培养学生对美的感受能力、欣赏能力、评判能力以及表现能力。

①培养学生对美的感受能力：美具有形象感染性，离开了感性认识就谈不上审美感知。因此，教师在校园足球教学中要正确引导学生的意识倾向，鼓励学生在运动中尝试美的内在体验和自觉的审美意识。并从体育和卫生的角度来训练和保护学生的感觉器官，以利于学生日后健康地参加审美活动。

②培养学生对美的欣赏能力：体育教师在校园足球教学中应注意把竞技常识与美学原理结合起来，系统地传授足球知识，以培养学生在视觉上的运动美感。

③培养学生对美的评判能力：体育教师在足球理论方面的教学中，要注重对技战术原理的教学，让学生明白每种技战术的使用目的和使用时机，使学生能够"会看球"和"看懂球"，力争能够使他们对足球比赛拥有深刻的理解，如在何种情况下使用防守反击战术，在何种情况下使用长传冲吊战术等等。

④培养学生对美的表现能力：一般人只能将审美意识反作用于生活，而具有艺术创作才能的人可以根据运动的各种艺术形式，创造出比体育现实更集中、更强烈的艺术美。因此，在足球教学中实施美育的特殊性

就表现在如何培养学生健美的身体，以及与之相应的美好行为。一方面，在校园足球教学实施美育，应通过对健美的身体的塑造，使学生形成健康的审美观；另一方面，在校园足球教学实施美育的过程中，不仅要培养学生对足球运动的兴趣和爱好，使之形成良好的体育作风和文明行为，还要培养学生热爱美、鉴赏美、表现美的情感，培养学生的自信心、独立性和创造力。

二、校园足球教学的要求

（一）注重增强身体素质与促进全面发展相结合

校园足球的教学应在增强每个学生体质的基础上，使所有学生的身体素质、心理素质、智力水平、美育能力等各方面都得到发展。因此，校园足球教学应做到以下几点。

（1）树立现代校园足球教学价值观。现代体育教学的价值观对校园体育教学提出了新的要求，校园足球教学不仅要具有改变学生生物学特征的生物学价值，还要具有对学生进行心理学、教育学、社会学以及美学教育的价值。这些价值观是衡量校园足球教学质量的重要标准。

（2）做好校园足球教学工作计划。教师在制定校园足球教学计划和编写教案时，既要突出足球的专项特点，也要保证教学活动对学生身体的全面训练性，更要结合足球教学促进学生身心的全面发展。

（3）做到教学内容和方法多样化。在校园足球教学的准备阶段、实施阶段、复习阶段以及评价阶段中，要结合学生的身心特点和个性特征，采用丰富的教学内容，运用多样化的教学方法和手段，促进学生的全面发展。

（二）注重教师的主导性与学生的能动性相结合

现代体育教学已不同于以往，现代体育教学已经摒弃了以往的简单灌输式教学方法，而成了更倾向于师生双边互动的教学活动。在校园足球教学中，教师应根据学生适龄的身心特点，正确处理好师生关系，充分发挥两个教学主体的主观能动性，积极地进行教与学的活动。教学应以体育教师为主导，充分调动学生参与的热情和练习的兴趣。要想做到这点，就需要做到以下几点。

（1）树立正确的教学观。在校园足球教学中，正确处理师生关系，发挥教师和学生双方的积极性，克服"教师中心论""学生中心论"的片面教学思想和观念。

（2）以教师为主导。在教学实践中，教师应及时提高自身的教学水平和专业素质，做到学识渊博，技术全面，为人师表，平等待人。同时，教师应不断提高足球教学的艺术性和启发性，培养学生良好的学习动机和兴趣。

（3）充分调动学生的能动作用。主观能动性是提高学生学习效率的有效动力，教师在教学中应充分调动学生的主观能动性，指导学生明确学习目标，主动学习、积极探索，并在实践中灵活运用。

（三）注重循序渐进与系统性相结合

对于新鲜事物的学习一般都会本着循序渐进的原则进行。像技战术较为复杂的足球运动的教学就更应如此，足球运动的教学实质上也是一个渐进的、系统的过程。这个过程一方面体现在教师在足球教学中应按照科学训练的规律，使教学内容由易到难，足球练习方法和组织形式由简到繁，足球运动负荷由小到大地发展；另一方面，足球教学中的各种技战术应是环环相扣、紧密衔接的，它是由规律的不同周期组成，一个周期又可以分为不同阶段，各周期和阶段的教学和训练任务不同，教师在教学和训练中应注意各周期各阶段内容的互相关联和承接。

（1）教学内容由易到难。以学习足球传球技术为例，可先从脚弓传球开始，并从传地滚球开始，在此基础上再学习其他部位的传球技术，进而进行长传球与过顶球技术的教学。

（2）练习手段和组织方式由简到繁。在足球技战术练习中，可先让学生从模仿练习开始，而后独立实践，再到局部对抗，最后进行整体训练。

（3）对抗程度由弱到强。足球的技术练习必须由无对抗到有对抗，由弱对抗到强对抗，最后进行实战接受检验。

（4）运动负荷由小到大。运动负荷的安排应当波浪式地逐渐加大，在组织训练时，教师要注意处理好负荷与恢复的关系。

（5）教学与训练要有系统性。足球教学与训练是由不同周期、不同阶段、不同任务组成的过程，系统的教学与训练能积极、有效、科学地提高学生的技战术水平。

（四）注重感觉、思维与实践相结合

足球运动几乎涉及所有身体部位的锻炼，除此之外，它还对人的神经系统和大脑思维起到重要的锻炼作用。在运动进行时，学生集感觉、

思维与实践于一身，灵活机动地处理运动中遇到的各种情况和问题，快速进行分析并做出正确的判断。因此在校园教学过程中，教师应做到以下几点。

（1）在教学中教师要利用多种形式的直观教学手段。例如，在校园足球教学中教师除了可以沿用传统的体育教学示范法与语言法等手段外，还要在条件允许的范围内与时俱进地选择使用照片、录像、电影等直观教学方法和手段进行教学和组织观摩比赛，使学生能在较短时间内对技术动作获得最为直观的感受，建立起正确的技术动作表象。

（2）运用直观感觉手段要有针对性。足球运动教学的直观性还要求具有一定的针对性，针对的对象就是广大学生，其在性别、年龄、身体素质、运动经历、理解能力、基础知识和技能等方面存在差异。因此，在校园足球教学中，体育教师不应搞"一刀切"式的教学，尽管这种方式最为节省时间，但在追求教学质量的现代教育理念中需要在尽可能多的实践中分析不同类型学生的学习需求和教学方法，以期让教师能够更有针对性地对不同学生群体开展教学工作，如对于水平较低者相应多采用示范、图像等直观手段，对于水平较高者多使用形象化语汇描述技术动作。

（3）正确处理感觉、思维与实践的关系。在校园足球教学实践中，直观感觉方式的运用有助于学生建立正确的动作表象，但要达到对动作的结构、要点及动作正误界限的理解，还必须要求学生克服单纯机械模仿、重复，积极思考，加强运动思维，培养发现问题、解决问题的能力。并要鼓励学生大胆地将直观、思维与实践有机结合起来。

（五）注重综合性与实战性相结合

足球教学的综合性，是指在足球教学中把技术、战术、体能、心理和智力等各方面有机地结合起来，进行综合性训练，并力求教学训练更贴合实战情景。教学的根本目的在于学生在足球运动临场比赛时能够良好、顺畅地将技战术应用出来，因此，为了更好地达到这一效果，就需要根据比赛的客观规律与要求制定日常教学内容和教学方法，如足球运动是一项经常存在身体接触和高强度对抗的激烈运动项目，这就需要在日常的教学训练中加入对抗的因素和模拟实战的条件，从而提高练习的实战性。具体包括以下几方面。

（1）技术与技术合理搭配。在校园足球教学中，教师应根据比赛的需要，将不同的足球技术合理地串联和搭配起来组织学生进行练习，并根据学生的水平高低决定技术搭配的多少和难易程度。

（2）技战术与身体素质相结合。身体素质是足球技战术运用和发挥的基础。因此，在校园足球教学中，教师应科学安排练习的组数、时间、密度、强度和运动量，从而使身体素质与技战术都得到提高。

（3）技战术与意识相结合。意识是足球技战术的灵魂和生命。在校园足球教学中，教师应根据足球比赛的客观规律来设计和组织练习，加强对学生正确足球意识的培养，使学生提高运用技战术的能力。

（4）技战术与对抗能力相结合。对抗能力是足球技战术运用的根本保证。因此，在校园足球教学中，教师应根据学生技战术掌握的熟练程度加入适宜的对抗性因素。

（5）在模拟实战中练习技战术。根据循序渐进的教学原则，起初学生接触的足球教学是在没有身体接触和对抗的基础上完成的。而实际上足球运动却并不是这样，激烈的身体对抗性是足球运动的本质特点。因此，在学生基本掌握相关运动技术后，体育教师就应该适当加入一些身体对抗性练习，或是安排在模拟实战的气氛和状况下的练习，使训练能更好地为比赛服务，提高学生的积极性。

第二节 校园足球教学的原则与方法

一、校园足球教学的原则

（一）主体性原则

校园足球教学的主体性原则，是指在体育教学中，教师选择的教学方法、教学内容等一系列与教学活动相关的事宜都不应与学生的需要和特点相脱离。学生同时也要在教师的指导下积极配合教师的教学工作，并在充分发挥主体性、自主性和创造性的基础上更多地掌握足球运动理论和技战术知识。校园足球教学中遵循主体性原则应注意以下几点。

（1）校园足球教学是教与学的双边活动。要求教师在足球教学中尊重学生的主体地位，体现学生的主体精神，充分发挥学生的积极性、创造性，引导学生积极思考、勇于探索、刻苦训练，自觉掌握足球理论和技战术方法，提高自主观察问题、分析问题和解决问题的能力。

（2）发挥教师的主导作用。足球运动对动作操作思维、战术思维和快速反应能力的要求都很高，因此，在校园足球教学中，教师要以提高学生的运动能力和思维能力为核心，运用设疑、联想、比较、形象等教学方法，充分启发学生积极思维，从而最大限度地挖掘学生的运动潜力。

（3）引导学生明确学习目的。学习效果与学习动机密切相关。如果学生的学习目的不明确，学习动机不正确，就不可能自觉、积极地学习，也不可能长期保持自觉、积极的学习状态。

（4）培养学生学习足球的兴趣。兴趣是形成学习动机的重要因素，它可能是暂时的，也可能转化为长期的主动学习动机。足球运动的趣味性较高，在教学中，教师应采取丰富多样的教学方法，使学生对足球运动的兴趣转化为执著的热爱，使其学习的积极性更高更持久。

（5）建立民主平等的师生关系。在足球教学中，创造一个生动和谐的教学环境很重要。在教学实践中，教师要承认学生的个性差异，采用科学方法发展学生个性。建立民主的师生关系，平等对待每一个学生。

（二）实效性原则

校园足球教学的实效性原则，是指足球运动教学活动要本着从学生学习的实际出发，认真了解和解决教学过程中遇到的主要矛盾和次要矛盾，使教学更加具有针对性、专业性和务实性，以求在有限的教学时间内，使学生更多、更快、更好地掌握足球运动知识和提高身体健康水平。校园足球教学中遵循实效性原则应注意以下几点。

（1）选择合理的教学方法。教学方法是实现教学目的、完成教学任务的手段，直接影响能否完成教学任务和教学质量的高低。教师在足球的技战术教学中，要深入研究教材和教法，充分利用现代化的教学方法和手段，精讲多练。

（2）经常调查研究。这是要求体育教师在足球运动教学中不能仅仅满足于现有的足球教学理念和标准。时代在发展，学生们对于足球运动学习的需求也在随时发生着变化，因此教师就要不断发现新问题，分析问题，并找出解决问题的方法。在校园足球教学过程中，教师应重视教学的实际效果，根据学生的实际情况及时调整教学方法和练习形式。

（3）用唯物辩证法指导教学工作。校园足球教学中，教师要一切从实际出发，把握事物的本质，全面、准确地把握教材内容，深入地分析技战术内涵，抓住教学难点和教学重点。

（三）直观性原则

校园足球教学的直观性原则，是指教师利用学生的感官和已有经验，通过以最为直白的视觉、听觉和肌肉本体感觉作为信息接收方式，使学生快速在大脑中建立起对足球技战术的生动表象和感觉，以此达到掌握足球技战术和足球技能、发展思维能力的作用。通常在现代校园中，足球教学经常采用的直观教学有动作示范、战术板讲解、视频、技战术演示图片等形式。校园足球教学中遵循直观性原则应注意以下几点。

（1）明确教学目的和要求。教师要根据教学任务、教材特点、学生情况等，有目的地使用直观教学方法。如对水平较低的学生，宜多使用动作示范、技术图片等，也可以把学生的动作录像重放，与正确的技术动作进行比较，纠正学生的错误动作。

（2）在教学中充分利用学生的视觉、听觉以及肌肉本体感觉，使学生明晰足球技战术表象，激发学生的学习积极性。

（3）要善于启发学生思维。学生正确表象的形成离不开积极的思维活动，因此，在教学实践中要不断启发学生的思维，并与技战术练习活动紧密结合起来，以提高教学质量和教学效果。

（四）循序渐进原则

校园足球教学的循序渐进原则，是指教学要按照学科的逻辑系统和学生的认知规律，由简单到复杂、由低级到高级、由单一到组合，循序渐进地组织教学，使学生逐步掌握知识、技术、战术和技能。校园足球教学中遵循循序渐进的原则应注意以下几点。

（1）注意教学内容的系统性。体育教师应根据教学大纲的要求，合理安排教学进度和课时计划，使教学进度符合足球运动的规律。使教学活动由易到难、由简到繁，使训练从无对抗到有对抗，运动量逐渐增加。

（2）注意教学方法的系统性。体育教师应根据足球技战术形成的规律，从认知定向阶段（泛化阶段）、巩固提高阶段（分化阶段）到熟练阶段（自动化阶段），依次依据动作技能形成的阶段性特点组织教学，并针对不同阶段采取不同的教学方法。

（3）注意安排适宜的运动负荷。运动负荷是足球教学课计划的重要组成部分。在校园足球教学中，要合理安排恰当的生理和心理负荷。在校园中，大多数学生没有参加系统足球训练的经验，他们的身体素质也不尽相同，因此，为学生安排符合他们身心特点的运动负荷就显得很有必要。负荷太弱，不能引起机能和心理状态的变化，也不能发展体能，更无法满足学生对足球学习的需求，然而负荷太强，又会过度透支学生的体能，且运动中还极易造成运动创伤。

（五）因材施教原则

在校园足球教学过程中，体育教师传授的对象是全体学生，教师对全体学生提出统一的教学要求。但是教师也要注意每个学生的身体素质与能力水平是有差异的，因此要重视针对个别学生的教学指导，也就是要贯彻因材施教原则，具体要从以下几方面加以注意。

（1）坚持从客观实际出发。教师因材施教的前提条件是对学生的身体素质与个体差异进行全面了解。教师全面了解学生的主要途径是调查研究，调查的主要内容是学生对足球的兴趣与爱好、身体素质等基本情况。只有了解学生的这些情况，认识到学生之间的差异，才能更好地贯彻因材施教。

学校的客观条件是校园足球教学中贯彻因材施教原则需要考虑的因素。其中，对足球教学产生影响的因素有季节、地区、场地器材设备条件等。在制定足球教学目标时，教师需要综合考虑教材、学生特点、组织教法以及上述各方面的客观条件，从而更好地贯彻因材施教原则。

（2）从整体上把握。在足球教学中，教师努力的目标是全体学生足球运动技能的提高与发展。制定足球教学计划、教学目标和要求，应符合大多数学生的实际能力。同时，还要兼顾身体素质较好、足球技能较高和素质较差的两类学生。努力为第一类学生创造更好的条件，鼓励他们积极参加课余足球训练，努力提高专项成绩。与此同时，要热情、耐心地帮助素质差的学生，使他们在原有的基础上逐步提高足球技战术水平，完成足球教学的要求。

（六）巩固提高原则

在足球教学中加强师生交流，可以使学生经常复习所学的足球知识、技术和技能，并且不断地提高健康水平、足球技术能力和思想品质。而且通过交流，也可以及时反馈学生的学习效果，让教师能有效地调节、控制教学过程，提高足球教学效果。因为根据遗忘规律和运动条件反射建立与消退的理论，学生学到的知识与技能在一段时间内，如不经常复习就会遗忘或消退。另外根据"用进废退"原理，学生对所学习的足球技能进行反复练习时，有助于发展运动能力、身体素质和生理机能，起到强身健体的作用。因此，要注意巩固提高所学到的足球知识和运动技能。遵循巩固提高原则需要做到以下几点。

（1）利用讲解、示范、练习、提问、评价等方式，保证师生间及时传递信息。根据信息有效性的原则，信息传递得越及时，损耗越小；信息的准确度越高，所产生的教学效果越好。也可以通过提问、考查、竞赛等方式，巩固提高体育知识、技术和技能。

（2）增加运动密度和动作重复的次数，反复强化，不断巩固运动条件反射，提高技术水平、身体素质和体育能力。

（3）教师要给学生布置适量的课外足球作业或家庭足球作业，将课内课外结合起来，达到巩固提高的目的。

（4）不断提出新的学习目标，培养学生进行足球运动的兴趣和动机。

（七）身体全面发展原则

在足球教学过程中，促进学生全面协调发展的基础是选择和安排全面多样的教材内容，指导学生进行全面的身体锻炼。只有这样，学生身体的各个部位才可以得到全方位的发展。身体全面发展原则的贯彻要做到以下几点。

（1）对足球教学大纲提出的教学目标和教学要求进行综合贯彻。在足球教学中，要使学生积极地学习国家所颁布的足球教学大纲的精神，足球教学大纲所提出的要求与目标学生要自觉遵循。为了更好地制定足球教学计划，保证学生身体素质能够得到全面发展，体育教师要注意合理搭配足球教材。

（2）在课堂教学过程中应始终贯彻身体全面发展的原则。在足球课堂教学中，应始终贯彻身体全面发展的原则。一节足球课的理想教学如下。

首先，足球课的准备部分，加强学生全身各部位肌肉、关节、韧带的活动，让学生充分伸展各个肢体，为完成足球课的目标奠定基础。

其次，足球课的基本部分，要增加学生身体练习的内容（包括力量、耐力、灵敏、柔韧等），全面并协调地发展学生的身体。

最后，足球课的结束部分，指导学生通过一系列活动来放松，并给学生布置课外足球作业。

二、校园足球教学的方法

（一）讲解法

讲解法是指在教学过程中教师为了使学生通过"听"来感知教学内容，采用简练准确的语言来对相关教学内容进行分析的方法。它主要包括技术动作的方法和要领、战术配合的方法和要求以及运用过程中的注意事项等。在校园足球教学实践中，教师运用讲解法应注意以下几点。

（1）讲解要明确。教师在讲解之前要有明确的目的。在足球教学过程中，教师的讲解必须根据教学目标、教学内容、学生特点等来具体地选择讲解内容、讲解方式、讲解速度以及讲解语气等，在讲解过程中要抓住重点与难点，做到有目的性、有针对性。

（2）讲解要正确。所谓的"正确"包括两方面含义，一是教师的讲解不能脱离学生的知识范围和结构，应在学生的接受能力范围之内，即教师讲解的广度和方式要符合学生的体育基础和已有的知识经验，利于学生接受；二是教师的讲解内容要符合科学技术原理，而不能是不规范的内容。

（3）讲解要生动。生动的讲解有助于帮助学生在头脑中建立正确的动作定型。试想一下，如果教学仅仅是通过语言讲解那么将显得多么单调。肢体语言的加入是对语言讲解的一个非常好的补充，简单的语言并不能让学生深刻地认识技术动作。因此，教师必须善于借助于学生已经接触过的事物或已经学过的运动技术与教学内容产生联系，以便于学生更好地理解动作。

（4）讲解要有启发性。运用对比、类比、提问等方式进行的启发性教学手段有利于学生积极思维，使学生举一反三，触类旁通，让学生将看、听、想、练各种感官动员起来。

（5）讲解注意时机与效果。在体育教学过程中具体表现为，在学生面对教师、注意教师时进行讲解；在学生练习过程中或背对教师时尽量少讲解或不讲解。

（二）示范法

示范法是指教师在校园足球教学中以自身的动作作为足球技术动作教学的范例，来对学生的训练进行指导的方法。这种方法可以使学生对所学动作的结构、形象、技术要领和完成方法有所了解，从而有助于学生建立正确的动作表象。在足球技术教学过程中，教师通过运用正确、优美、轻快的动作向学生进行展示，可以进一步调动学生学习的兴趣。另外，在实际的教学过程中，将示范法与讲解法相结合，可以使学生对足球技术动作的结构和特点有清晰的认识和理解，从而建立完整的动作概念。

在足球教学中，教师在运用示范法时，需要注意以下几个方面。

（1）示范目的要明确。足球教学中的动作示范要突出足球教学的重点和难点，而且对于技术基础差的学生还应注意适度。特别是对于年龄较小的学生，过多的示范往往会对他们识记、辨别、记忆动作产生影响，导致他们提取信息失败。因此，在足球教学的初始阶段，教师要抓住足球技术的关键动作进行示范，以便给学生留下更为清晰的动作表象和记忆。

（2）示范要正确、熟练。根据学生接受能力、模仿能力和好奇心都较强的特点，在进行足球技术动作示范时，教师要严格按照规格要求来完成动作技术，要准确无误地把握好动作的开始、行进方向和结束的时间。只有正确的动作示范，才能使学生更好地建立正确的动作概念和动作表象。正确的动作示范既可以使学生掌握正确的动作，同时也可以给学生以轻快的感受，激发学生的学习兴趣，避免产生畏难情绪。

（3）示范要便于学生观察。在进行动作的示范时，教师要选择合适的示范面、示范速度以及学生观察示范动作的距离和视角，以便于学生观察到整个动作的示范过程。示范面的选择要根据需要来选择，即不同的需要采用的示范面也有所不同。通常采用的示范面有正面、侧面、背面和镜面四种。教师在运用示范与讲解时还可运用正误对比的方法，通过各种直观教具的演示和提示来启发学生对正确和错误动作进行观察、对比、分析，明辨是非，以便更好地掌握正确的技术动作和战术方法。在开始进行示范时，应以完成动作的正常速度进行示范，以使学生建立起完整、正确的动作表象；为了将动作的某些环节结构更好地突出出来，就要以较慢的速度进行示范。此外，若一些动作无法利用慢速来进行示范，可以借助于其他的直观教具来完成，如观看录像、图片等。对于学生观察动作示范的距离，教师应根据动作示范时所需的活动范围、学生的人数和安全需要来制定。至于示范距离的远近，要以学生能够看清楚为准。

（4）示范、讲解与启发学生思维相结合。在足球技术动作学习的过程中，只有使学生的听觉和视觉器官同时利用起来，才能获得更好的教学效果。示范是通过视觉器官作用于人体，而讲解是通过听觉器官来对人体起作用，示范与讲解相结合可以增强技术动作的内在联系，学生获得的感知效果要远远高于运用一种方法。因此，根据足球教学的需要，教师在进行动作示范时，要及时、恰当地结合讲解进行，同时还要善于启发学生的积极性思维，从而达到最佳的教学和学习效果。

（三）指导发现教学法

指导发现教学法，是让学生在经历了通过教师有意识设计、指导的实验、观察、分析、假设和论证后发现规律和建立概念的一种教学方法。因此，指导发现法包括教师的"教"和学生的"学"两个方面。这种教学法特别适合运用在足球战术的学习、足球攻防关系的认识和足球技术要点等内容中。在校园足球教学中教师主要采取以下步骤实施指导发现教学法。

（1）学生通过在课前预习教师所要教授的教学内容，发现一些解决不了的问题，并且将其带到课堂中去。

（2）教师以指导语的方式改造所授足球教材内容，从而达到使学生自行解决学习中遇到的困难和问题，并且将一些相关的观察结果和分析的直观感知材料提供给学生，帮助学生进行学习。

（3）学生通过教师的教学指导来寻找课前所发现的问题的具体解答方案，并采用分析和归纳的方法解决问题。

（四）游戏教学法

游戏教学法，是指在教学中，教师利用组织游戏的方法使学生通过这种方式充分发挥主动性和创造性来完成预定教学任务的教学方法。这种教学法的应用比较广泛，下到初学足球的学生，上到职业运动队的专业选手。在校园足球教学中，教师运用游戏教学法应注意以下几点。

（1）教师在选择游戏项目时要遵循不能脱离校园足球教学的本质这一宗旨，并在组织的游戏中制定相应的规则与要求。

（2）教师应在教学过程中要求全体学生必须遵守游戏规则，同时，注重积极鼓励学生发挥个体的主动性和创造性。

（3）教师应认真做好游戏的评判工作，公开、公平、公正地评价游戏的结果，客观地评价每个学生在游戏中的表现。

（4）游戏教学法中安排的游戏内容要注意对其负荷量的控制。由于学生个人的选择性与独立性较大，因此，教师在体育教学中安排游戏运动负荷与动作控制方面会受到很大限制，应妥善处理。

（五）合作学习教学法

校园足球教学过程是师生共同参与的双边教学过程。因此，在教学过程中，离不开教师与学生、学生与学生的相互配合。为了取得较为理想的教学效果，教师在教学过程中应采取多样化的教学手段和活动组织方式，以便于学生能够在轻松的教学环境中更好地掌握足球教学的内容，使学习成为学生之间的一种合作活动，并让学生能够按时完成学习任务的同时，喜欢和享受学习环境和人际关系。合作学习教学法就是在教学中充分调动教、学双方积极性和主动性的教学方法。

在校园足球教学中教师主要采取以下步骤实施合作学习教学法。

（1）在教学初期，让学生自愿分成人数不等的若干个小组、结成"伙伴对子"。

（2）在教学过程中，教师以小组为单位进行教学，通过充分发挥小组内的技术骨干的带头作用，指导小组成员互帮互助，促进各小组的学生共同完成学习任务。

（七）程序教学法

程序教学法是指依据认知和技能形成的基本规律，将足球技术、战术教学内容分解成为若干个相互联系、便于学习的单元，同时建立起相应的评价信息反馈系统的教学方法。

在校园足球教学实践中，学生首先依据单元进行学习，然后评价学习情况，最后依据评价的结果反馈学习效果，教师针对反馈信息有的放矢地组织教学。

（八）案例教学法

案例教学法，是指教师在教学中通过列举具体的案例帮助学生更清晰、更深刻地认识教学内容的教学方法。这种教学法在足球战术配合教学、足球竞赛组织编排、足球规则与裁判方法的教学过程中应用最广。它的最大优势就是直观，用符合教学要求的案例来说明问题，针对性极强。

在校园足球教学中，运用案例教学法应遵循以下步骤来组织教学。

（1）教师在备课阶段，应按照教学内容的不同选择有针对性的将有关足球教学内容的典型案例作为教学核心。案例的选择不仅要能充分反映教学内容，还要具有典型意义，同时要符合学生的学习基础和学习能力。

（2）教师在教学过程中对已经选择好的足球教学案例进行深入地分析，使学生尽快地建立起相关概念。

（3）在组织足球教学时，教师应注重调动学生的积极性，活跃课堂气氛，组织集体练习，促进学生结合案例进行思考并主动完成学习任务。

第三节　校园足球教学的组织与实施

一、足球教学文件的制定

（一）教学大纲的制定

作为教师开展教学工作的指导性文件，校园足球教学大纲是开展校园足球教学的重要依据，同时也是对教学工作任务的完成程度进行衡量的基本依据。此外，校园足球教学大纲也为整个校园足球教学活动的发展指明了方向，因此，为了确保校园足球教学工作顺利开展，就必须要制定出科学、合理的校园足球教学大纲。

（1）校园足球教学大纲的内容主要包括以下几个方面。

①说明：主要是对校园足球教学大纲制定的依据与原则、课程性质等进行阐述，并提出具体的完成措施。

②教学目的要求：该部分主要是对校园足球教学的具体任务进行阐述，其内容主要包括足球的基本理论知识，基本的足球技术、战术与技能，促进学生身体素质全面提高的要求，进行专业思想教育和思想品德教育，以及学生优良意志品质和集体主义精神的培养等。

③教学内容及课时数分配：该部分主要是对校园足球教学中不同教学内容开展总课时数的比例，足球理论教学与足球实践教学的比例，理论教学题目和课时、教学条件、参考书目和考核等内容进行阐述。

④教材及参考书：该部分主要是将校园足球教学中所使用的教材和教学参考书一一列出。在学生对教材内容进行学习并掌握的基础上，教师和学生有选择性地选择一些具有权威性的足球专著，以对教学内容进一步丰富和补充。

⑤教学设施：主要包括校园足球教学所需要的足球场地和设备；教学比赛所需要的口哨、号码衣等器材。对于有条件的学校还可建立和完善足球电化教学设施。

⑥考核内容和方法：主要包括理论知识、技战术、技能的考核。理论知识考核一般采用笔试的形式；技术考核可采用技评和达标的形式；技能考核可采用作业评检、实习、实际操演等形式进行。

⑦成绩评定：主要是对学生的学习态度、思想品德，具体的足球理论知识、技术、战术与技能等进行评定。在对学生的基本技能进行评定时可以结合平时的考核，根据校园足球教学培养目标的具体要求来确定总成绩中各个部分所占的权重与比例。

（2）制定教学大纲的基本要求主要包括以下几个方面。

①从校园足球教学的实际情况出发，将校园足球教学计划中所规定的培养目标和要求进行贯彻和落实，并提出校园足球教学的目的和教学任务。

②校园足球教学的内容是通过足球运动的特点、课程任务和教学时数来确定的，要突出足球基本理论知识、技战术与基本技能的教学训练

与培养。

③对校园足球教学课程时数进行合理的分配，保证足球理论教学与实践教学的适当比例，以确保顺利完成校园足球教学任务。

④在校园足球教学大纲制定的过程中，要重视足球教学内容的系统性、先进性和科学性。

⑤校园足球教学大纲的考核重点应放在足球基本理论、基本技术与技能方面，所采用的考核方法应对学生的真实水平进行全面、客观的反映，同时评分方法要科学、合理。

（二）教学进度的制定

教学进度是教学活动的参考指南，它是在教学大纲的指导下制定的，可谓是详细版的教学大纲。教学进度对教学目标、教学方法和教学安排等内容进一步明确，它是开展校园足球教学活动的指导性文件。

教学进度是根据教学大纲所规定的教学任务、教学内容和课时数分配，把教材内容具体落实到每次课中的教学文件。教学进度是对教学方法与策略的直观反映。科学、合理的教学进度能够促进教学效果和教学质量得到有效的提高。

在制定校园足球教学进度时，应注意以下几点要求。

（1）合理安排，突出重点。根据校园足球教学大纲的具体要求和规定，以及形成足球运动技能的基本规律，对足球教学内容进行合理安排，并将足球教学的重点进行突出。

（2）教学内容安排符合逻辑。所安排的足球教学内容，必须要体现出足球理论知识和技术结合的逻辑关系，从而使学生在学习时能够产生积极的迁移。

（3）注重教学内容的搭配。在遵循和贯彻渐进性教学原则的基础上对每次课的教学内容进行合理分配和搭配。

（4）理论与实践相结合。要遵循理论指导实践的原则来安排校园足球及教学课程，并安排针对性强的理论课教学，并使足球教学理论与实践紧密结合。

（三）足球教案的制定

如果说教学进度是对教学大纲的进一步细化，那么教案就是对教学进度的细化。教案是教师在教学进度的框架内，对每一堂课的教学内容、教学步骤、时间安排和详细步骤进行编写的教学文件。由于体育教学涵盖的范围非常广泛，尤其是校园足球教学，既有少量的理论课教学，也有大量的室外实践课教学，因此，校园足球教案的制定有着较高的要求。编写校园足球教案的具体要求如下。

（1）根据校园足球教学的目标、进度、教学性质等对校园足球教学的基本任务进行具体和明确。

（2）针对教学课的基本任务确定相应的教学方法。教学组织应严谨有序，教学过程应有条不紊。

（3）考虑场地、器材、设备、学生的人数、学生基本运动能力等要素，正确运用教学方法和教学步骤，合理安排练习次数和运动负荷。

（4）从整体出发确定教学任务，同时注意因材施教，个别对待。

（5）注意课与课之间的衔接，保证教学过程的完整性和系统性。

在编写校园足球教案时，还要注意其基本结构和形式，具体如下。

教案拥有自己专属的结构，以一般体育学科（含足球运动教学）教案的结构为例，通常可以分为准备部分、基本部分和结束部分。

准备部分：主要目的在于明确足球课的教学任务与要求；调动学生学习的积极性；做好准备活动，进入良好的适应状态。基本内容有足球基本功练习、身体素质练习、足球游戏等。

基本部分：主要目的在于发展和提高一般和专项身体素质；学习足球基本理论知识、技战术；培养学生教学活动的组织管理能力。在教学实践中，必须要突出重点，主次分明。基本内容主要包括教学顺序与步骤，练习方法、手段、次数、时间，运动负荷，教学组织管理等。

结束部分：主要目的在于结束本次课的教学活动，使学生逐渐恢复到相对安静的状态。一般采用自我按摩、互相按摩、舞蹈和罚球等轻松愉快的练习形式组织教学，以达到放松、消除疲劳的目的。结束部分要简明地进行小结，对学生完成学习任务的情况给予恰当的评价。

此外，校园足球教案的编写，常用的格式主要有表格式和条文式两种，具体如下。

表格式：如表3-1所示，表格式教案是在确定了课的任务之后，按表格各栏的先后顺序，填写各部分的教学内容、组织教法、练习次数、运动量及其他相关事项和小结。

条文式：这种形式的教案常用于理论课教学，除填写表格式课时计划规定的项目外，以讲授提纲与组织教法的方式配合理论课讲稿使用。

表 3-1 表格式足球课教案

授课班级			课的编号			上课日期		
课的基本教材					课的任务			
课的部分	时间	课的内容	组织工作	教学步骤	运动负荷			常犯错误及纠正方法
					时间	次数	心率	

二、足球教学课的组织

（一）足球理论课的组织

校园足球理论课的主要内容为与足球运动相关的各种理论性知识。虽然校园足球教学不是一项理论课，但对于学生来说，掌握必要的足球理论知识有助于其更好地学习和掌握足球技术和战术。尤其是特别当进入了战术学习阶段，如果学生已经很好地掌握了良好的足球理论知识，那么便可以很快地理解和掌握足球战术的部署和执行方法。因此，校园足球理论课教学的主要任务是让学生掌握基本的足球理论知识，包括足球的技战术基本理论，足球的发展趋势，足球的教学、训练、裁判、组织竞赛等，并使学生理论联系实践，更好地指导校园足球运动实践。

与其他学科课堂教学组织形式相同，课堂教学也是足球理论课教学经常采用的形式，但从课堂活跃度方面来讲可以更加灵活一些，教师应更多地采用诱导性教学方法，鼓励学生通过自身思维思考足球运动中的各种问题。首先，以提问或讲述的形式引出前次足球课的教学内容，为新授课的内容做好学习准备。其次，进行本次课内容的讲授，突出对足球课的重点和难点进行反复的论证，采用提问、作业等形式，强化学生对教学重点和难点的理解和掌握。最后，在足球课的结束部分，教师要简明扼要地总结和归纳本次课的重要知识点，布置课后作业，并宣告下堂足球课的教学内容。

（二）足球实践课的组织

（1）准备部分：校园足球教学实践课准备部分的主要任务是通过一

定的身体活动，使学生的机体由相对静止状态进入工作状态，为学习足球课程内容做好生理和心理上的准备。

准备部分的教学可采用与足球基本教学相呼应的走跑练习、基本体操、控制球的专门练习和引导性、针对性、激励性的游戏等方法进行身体活动，运动负荷逐步增加，以达到活动身体的目的。另外，还可采用简单技术练习的方法，以达到技术动作学习和身体活动的目的。准备部分的活动组织形式一般采用集体作业的方式进行，内容可根据课的任务、时间、学生的身体素质和气候条件等略有增减。

（2）基本部分：根据校园足球课教学进度的内容安排，进行足球技术、战术的教学和练习，全面发展学生的身体素质，培养学生良好的足球意识和心理品质是校园足球教学实践课基本部分的主要任务和内容。

应在足球教学的基本部分将其教学的重点内容突出出来，并结合学生的实际情况和教案选择相应的教学手段和教学方法，同时还要布置一些巩固性的作业练习。在本阶段，教师主要是对教学内容进行讲解和示范，并让学生进行练习和纠正错误等，使学生对旧知识进行巩固的同时，对新内容进行体会和练习。具体教学步骤为：先对新的教材内容进行学习，然后对已经学过的教材内容进行巩固和改进，最后进行发展学生身体素质的练习和组织足球教学比赛。在校园足球教学实践中，要对教学时间进行合理的安排，并充分地利用足球场地和教学设备，逐步增加学生练习的次数，选择较为适宜的运动负荷量，提高学生的练习效果和练习质量，促进学生逐步地掌握和改进足球技能。此外，教师要对学生的练习情况进行密切的观察，并做好详细的记录，根据反馈的信息，及时对练习方法进行调整，以保证整个足球教学过程合理而有效的进行。

（3）结束部分：在校园足球实践课的结束部分，主要的任务就是让学生从身体和心理上逐步地恢复到课前相对安静的状态，通常情况下，多采用集体活动的形式来进行。

结束部分一般要根据教学内容的性质、练习的强度与密度等，选择一些降低运动负荷的练习，如慢跑、简单的运球、传球、肌肉的拉伸和放松性游戏等。在整理活动结束后，教师要对本次课的总体学习情况进行简明扼要的总结，对教学任务完成情况作出恰当的评价，在肯定学生学习成绩的同时找出不足，明确下一步努力的方向。最后布置课后作业，预告下次课的主要教学内容。

（三）足球讨论课的组织

足球讨论课是一种较为灵活的足球教学组织方式，它的教学地点可以是在教室中，也可以是在球场边。讨论课的目的在于提高学生的表达能力，并且发展学生的观察能力与分析能力，激发学生的创造性思维。足球讨论课的讨论话题与足球运动中遇到的多种问题相关，可以是某种技战术的问题，也可以是某位球星的踢球风格等等。这种讨论课最适宜用在进行足球技战术分析、规则裁判法等的教学时采用。

教师应在讨论课开始前将所要讨论的内容、需要解决的问题，以及课堂教学要求等向学生进行宣布。在讨论前要对所要讨论的对象进行观摩，并要求学生做好观摩笔记，并将自己的观摩体会、感想和疑问等进行记录。

在讨论课结束后，教师先作引导性发言，然后采用民主的形式，组织学生围绕本次课的议题进行发言，鼓励学生发表不同的意见，并积极进行争论。最后，围绕讨论，教师要作出总结性的发言，并对所讨论的问题和学生的讨论情况进行评述。

（四）足球实习课的组织

校园足球实习课能有效地提高学生对足球的教学训练能力、裁判水平和组织竞赛能力等。其组织方法可以贯穿于每堂足球课中，如在每堂课开始前安排 2～3 名学生作为本节课课堂中体育教师的助理，以此锻炼他们组织训练的能力；安排 3 名学生作为本节课课堂教学比赛环节的裁判员，以此锻炼他们足球裁判执法的能力等。

在实习课开始之前，教师要对需要实习学生的人数进行确定，并对这些学生进行指导，以使其做好相应的准备工作。

在实习过程中，教师要对学生的实习情况进行观察，并做好记录。

在实习结束后，教师要对实习学生的表现作出客观评价，并让实习学生写出实习总结。此外，要鼓励学生积极参与足球实习课的讲评与讨论之中。

三、教学工作总结

校园足球教学工作总结是指体育教师要定期向体育教研室和上级主管部门提交的教学工作总结性文件。

校园足球教学工作总结是体育教师对校园足球教学任务的完成情况作出评价，并从中总结经验和找出差距的文字材料。校园足球教学工作总结是校园足球教学实践的精华，它是对校园足球教学过程的真实反映，通过校园足球教学工作总结，教师能够从中总结出非常可靠的教学经验和教学规律，找出教学过程中影响教学质量提高的问题和因素，以为今后校园足球教学提出新的课题，以促使教学质量不断提高。

通常情况下，校园足球教学工作总结主要包括以下几个方面。

（1）介绍教学的基本情况：课程任务、课程性质，教学时数、学生人数、院系、年级、班级、教学条件等。

（2）教学过程介绍：教学中采取的教学改革方案或措施，实事求是地对执行情况作出自我评估，总结教学改革的成功之处，指出存在的问题以及产生问题的原因。

（3）教学过程评价：对学生学习状态进行总体评价，特别要重视分析教学中学生主体作用的发挥情况；对学生的学习成绩进行客观分析，必要时根据数据和事实对教学过程作出准确的比较性评价。

（4）教学设想和建议：根据本阶段或学期足球教学任务的完成情况和对足球教学中所遇到的问题进行分析，对下一轮的足球教学工作提出改革的设想和建议。

第四节　创新教育理念在足球教学中的应用

一、转变教学观念

在校园足球教学领域中，创新理念更多地体现在转变传统教学观念方面。传统的教育教学观念之所以能够在我国长久不衰，其原因是这种传统教育教学观念有着非常多的精华之处。但在现代教育中，传统式的教学观念显现出了一定的弊端，如在教学中无法做到"以人为本"和因材施教等。这就导致了学生的独立性、创造性和创新性无法在教学过程中得到充分的发挥。因此，为了使学生的共性和个性在教学过程中能够得到协调发展，就必须要转变传统的教学观念，并在教学管理制度方面突出多样性、灵活性和伸缩性。

（一）以学生为主体

与传统的教育教学理念的根本区别是，校园足球创新教育理念重视校园足球教育教学活动中学生的主体地位。校园足球创新教育理念改变了知识和技能在课堂上的单纯传递；改变了教师在教学过程中对学生的"填鸭式"教学方式，使学生在学习过程中的主动性和积极性得到充分的调动，并使学生能够积极主动地发现问题、分析问题和解决问题，使得学生在掌握和熟练运动技能的过程中，提高了创新能力，从而将学生的被动学习转变为主动学习。

（二）以"教"为"学"

校园足球创新教育理念是在校园足球教学中充分尊重和切实保障学生主体地位的同时，使教师的"传道、授业、解惑"的作用得到最大程度的发挥。在校园足球教学中，教学只是教师的一种手段，而不是目的，教师的主要作用是对学生进行引导和启发，以"教"为"学"，通过学习，使学生的创新能力得到发展和提高。

二、改革教学模式

足球运动是一项具有极强技巧性的团队运动。每一名球员的技术动作的学习都要经过一个长期的教学过程。在这个漫长且枯燥的过程中，为了调动学生的学习兴趣，促进其尽快掌握足球运动技能，必须充分发挥学生的创新意识和创新能力，将创新教育理念融入校园足球教学实践中，建立和实施创新型教育教学模式。

（一）创设"情景剖析"的教学情景

首先，课前的准备工作对教师的授课有着重要的影响作用。学生的课前预习有助于加快学生对足球技术动作的理解。在校园足球教学过程中，学生的课前预习能促进学生在理性上对所学的技术动作有一定的认识。其次，在校园足球教学实践过程中，教师在课堂上的示范对学生运动技能的学习有着直接的指导作用。在教学示范前，教师应对所要教授的动作技术的重点和难点进行精细的讲解，要求学生认真观察示范动作，如教师在教授正面脚弓传球动作技术时，应提示学生注意观察传球前的准备姿势、脚型、击球点、用力顺序和出球方向，示范后，让学生依次回答。对于在课前进行了预习的学生而言，基本上都能准确地回答出教师提出的问题，使其大脑中动作的初期形象得到了进一步的强化。教师针对学生回答问题的情况进行重点分析和讲解，就能加快学生对脚弓传球动作技术的正确认识，缩短了学生对动作技能从理性到感性的认识过程。

（二）创设"情感创新"的教学情景

创新能激发人的求知欲望，使人精神愉悦，因此，教师在校园足球教学过程中应该注重培养学生自主设计组织运动技能练习的能力，在教学中为学生创造一个自由发挥的空间，鼓励学生发散思维、利用所学知识解决实际中存在的问题，使学生大胆实践、勇于创新。

随着学生身体素质、理论知识、运动技能的不断积累和增长，学生分析问题、解决问题、独立学习的能力等都会有显著的提高。在校园足球创新教学模式中，学生既可以根据教师所提供的练习形式和方法进行练习，也可以自主设计练习形式和方法进行练习。因此，创新教育理念指导下的教学模式是充分发挥学生能动性、鼓励学生积极参与教学过程的新型教学模式，使学生在学习足球技能时乐学、好学、会学。

三、改革教学方法

教学方法对于学生真正学习到教学内容起着非常重要的作用。再好的教学内容如果没有采用正确的教学方法教授，也不会激发学生对教学活动的兴趣，那么教学结果只能是事倍功半。我国校园足球教学方式和教学程序仍然普遍延续着传统教学方法，显得形式过于单一、无味。这是由于传统教学方法忽视了足球项目自身的特点。另外，传统的教学方法过于重视教师在课堂中的作用，忽视学生的实战能力和个人技能及特长的挖掘。因此，创新教育理念提倡改革教学方法，拓宽教学组织形式。

（一）情境教学法

创新教育理念要求在校园足球教学中，提倡体育教师积极参与创设与教学内容相关的教学情境中来，因为他们毕竟是最了解学生的人。体育教师可以选择恰当的教学方法和组织形式，将学生带入既定的教学情境中去，让学生在教师所创设的教学情境中质疑、设想、体验、探索，以最大限度地开发学生的智力、挖掘学生的运动潜能。例如，在进行"二过一"战术教学时，可以创设如"我们正在进行足球对抗赛，对方防守很严密，我们如何才能突破对方的防守"的教学情境。然后，安排学生进行一人防守两人二过一的练习。在练习该技术的过程中，不同的同学采用不同的方法突破防守，如踢墙式、直传斜插、斜传直插等。让学生做示范，教师在旁边做指导，这样就能活跃课堂气氛、激发学生的学习兴趣，使学生较快地掌握动作技能。

（二）互动教学法

传统的教学方法中，教师是课堂中的主体，学生是课堂中的客体，教师负责教，学生负责听，师生之间没有情感和知识上的互动。创新教育理念下的互动教学法要求教师作为教学活动的组织者和指导者，充分重视学生在学习中的主体地位，尽量为学生创造一个民主、轻松的学习环境，寓乐于教，使学生在平等的合作讨论中获得知识和技能。如在教师教授校园足球前场局部进攻战术时，让学生根据其自身的特点和优势组织进攻和防守，进攻方和防守方的同学经过相互交流和讨论，总结出最佳的进攻方案来突破防守。整个教学过程采取"讨论→实践→应用→讨论"的方式，促进学生战术水平的提高。

（三）探究教学法

探究教学法是在教师的指导下，通过发散学生的思维，让学生在发现新的知识点、运动技能的同时，将发现的问题收集起来，带着问题去听课或自主解决问题，即充分发挥学生探究学习的能力。例如，在针对有一定足球运动基础的同学的教学时，可以在其练习击球的过程中，可以用脚踢球、也可以用头顶球，还可以用胸顶球，充分利用身体部位，此时体育教师在教学过程中引导、鼓励学生探索，如提问当球在某一高度时最恰当的击球部位是哪里，哪个部位击球比较舒服和方便下一个动作的衔接。当学生尝试了不同方式后，他就能更加印象深刻地理解这一问题，并使其在探索学习中尝到一定的甜头，在体验和探索中获取运动知识、掌握运动技能，激发学生的学习兴趣、增强学生的学习信心，使学生乐于探索、勇于探索。

四、创新足球教学理念

校园足球的特点要求学生具有较高的综合素质，要求学校培养全面发展的人才，这与创新教育所要求的培养高素质的体育人才是相符的。

传统的校园足球教育教学将足球运动技、战术作为教学的核心内容，体育教科书将足球运动确定为"是以脚支配球为主，两个队在同一场地内进行攻守的体育运动项目"，即将足球运动定性为以"球"为主的运动项目。显然，"球"在足球运动中处于主要地位，而足球运动的参与者在足球运动中处于次要地位，因此，教学活动更多的是围绕着"球"来开展，这样本没有错，但与此同时也不能过分忽视学习的人的主观能动性。在校园足球教学中，人是运动的参与者，是运动的主体，校园足球教学也必须以促进人的全面发展为根本目标。

创新教育理念在校园足球教学中对教学理念的改革具体表现为，教师应将创新教育贯彻到足球运动的教育教学过程中去，以培养学生的足球意识、道德情操、人文素质为重点，健全学生的人格，促进学生的全面发展。全面发展学生的以思想道德、体能素质、心理素质、文化知识、运动技能为核心的综合素质，以适应社会发展的需要。

五、创新成绩评价标准

科学的考核既能够对学生的学习成果进行评判，同时也是考察教师教学水平的有效方式。从目前来看，理论知识与技术相结合的考核制度是我国校园足球教学考核常采用的方式，但是这种考核制度往往忽视了对学生的足球意识和运动实践能力的评价，而足球意识和运动实践能力才是足球运动的精髓。而且，这种考核制度也与"终身体育"和"健康第一"的校园体育教学目标相左。这就需要更多的相关的体育教育工作者来对校园足球教学的考核制度进行探索和研究。

创新教育理念指导下的新型成绩评价标准要求具备以下两个条件。

（1）降低技术内容在校园足球教学考核成绩中所占的比例，并在考核体系中纳入对学生的身体机能水平、心理健康素质、足球理论素养和足球实践能力等因素的评价，将传统单一的考核转变为多元化的考核。

（2）将学生平时的出勤情况、学习态度、教学进步幅度、互动能力等因素纳入校园足球教学考核体系中，使对学生成绩进行评价的标准与新课程改革下的素质教育的要求相统一，从根本上来提高学生的学习能力和教师的教学质量。

第四章　校园足球运动的训练体系研究

校园足球运动的训练和职业足球一样，必须依靠一定的体系才能够开展起来。本章将就这部分内容进行详细地研究。

第一节　校园足球训练的基本特征及依据

一、校园足球训练的基本特征

（一）突出对抗的真实性

为了达到赛练一致，校园足球在训练手段上对抗的特点极为明显，这种对抗训练是一种攻守对垒的外部形式，但其最重要的一点在于其对抗的强度和真实性，训练中队员们的认真程度和动作方法，都向正式的比赛看齐，对抗练习中的凶狠拼抢犹如家常便饭，但不会出现队友之间的不满和报复行为。

（二）快速与简练

校园足球训练要与时代相接，往往强调动作简练快速，一次触球的练习在不断地增多，并且在很多练习当中都明确规定只能一次触球，养成早观察快出球的好习惯，这样可以使队员养成在训练和比赛中盲目的盘带明显减少，能够简练快速地处理好球。

（三）抓住特长和特点

球队整体打法的制定要根据本队队员的身体素质、技战术等特点而总结出一个总体打法思路和原则。比如，偏重边路进攻配合方法，要清晰了解本队队员的技术、速度、身体条件等是否适合于打边前卫、边后卫和中锋，是否有足够的队员能够更多地参与配合等问题。训练中对于场上的每个队员的具体跑动路线和配合形式通常不作具体的规定，至于场上局部的联系、整体的布局，就要凭借队员的战术意识、队员之间的默契和临场的观察与应变能力。不过要注意在培养青少年球员的基础阶段，由于他们的战术意识水平往往较低，因此进行具体化的战术打法指导还是非常必要的。

（四）从局部到整体

整体战术是在小组战术训练的基础上，经过逐步的过渡才发展成整体战术训练的。在小组战术训练发展到整体战术训练的全过程中，要能够利用不同场区的大小、不同人数、不同的目的进行分队比赛，教练员要在分队比赛中，不断地进行指导、讲解、示范，这些都能够取得很好的训练效果。

二、校园足球训练的基本依据

校园足球运动训练主要依据青少年运动员竞技能力发展的敏感期以及足球运动员的阶段训练过程。

（一）竞技能力发展的敏感期

足球运动员竞技能力的获得主要通过先天遗传以及后天的训练等两个途径。先天遗传的竞技能力是随着青少年运动员发育阶段的不同而表现出不同的水平，后天获得性竞技能力也随着训练过程的延伸而变化。在这两个因素共同作用下，足球运动员在青少年的生长发育阶段发展最快，这就是运动员竞技能力发展的敏感期，包括体能、技能和战术意识发展的敏感期。

1. 体能发展的敏感期

在青少年运动员体能的各项素质中最先发展的是柔韧、速度、灵敏和协调素质，其次是爆发力和有氧耐力；最后是力量和无氧耐力素质。

2. 技能发展的敏感期

青少年随着年龄的增长和身体发育的不断完善，其运动技能的发展也呈现出阶段性的特征。首先要进行基本技术学习，其次是结合战术方法的技术运用阶段，最后是技术运用对抗能力和灵活运用阶段。

3. 战术意识发展的敏感期

青少年运动员的战术意识是其战术能力的核心内容，而战术意识的各个组成要素具有阶段性特征。足球运动员战术行为决策过程的内在步骤主要包括以下四个。

第一，对场上环境的知觉过程。

第二，对完成目标所需要的信息作出判断。

第三，从记忆库中提取已有的经验图式与比赛场景进行比对采取决策的过程。

第四，通过决策采取行动。

（二）校园足球训练的阶段划分

青少年运动员要想取得成功就必须经历长期、艰苦的训练，其训练阶段主要包括：基础训练阶段、专项提高阶段、最佳竞技阶段以及竞技保持阶段。

这四个阶段有着不同的训练任务和训练内容，并对运动训练的负荷安排提出不同的要求。基础训练阶段和专项提高阶段的训练安排要服从于最佳竞技阶段训练任务的完成。最佳竞技阶段是足球运动员全程性多年训练过程的核心阶段，运动员进入最佳竞技阶段的训练并表现出最佳竞技成绩，是运动训练过程的最终目标。在足球运动多年训练过程中，要根据训练阶段的不同来安排训练任务、训练内容和训练负荷。同时，在不同的训练阶段，要根据不同的训练任务对运动员竞技能力发展水平提出不同的要求。

第二节　校园足球训练的基本规律

由于校园足球训练的特殊性，校园足球训练必然有其自身的基本规律，主要包括以下几点。

一、青少年身心发展的基本规律

在青少年的发育成长期中，人体各系统功能逐步成熟，各种运动素质不断得到发展和提高，但不同时期的生长发育特征存在着差异，有时生长快，有时生长慢；有的系统发育早，有的系统发育晚。因此，生长发育是有其自身发展规律的。此外，青少年还存在性别差异和个体差异，有的人发育早，有的人发育晚；同龄女性较男性发育要早。因此，校园足球训练要根据其特征及特有的规律，因材施教，进行有针对性的校园足球训练。

二、运动竞技能力的规律

足球竞技能力是指运动员参加足球比赛的能力。运动员所具备的竞技能力在比赛中的发挥称为竞技水平。足球比赛中运动成绩的好坏，不仅取决于球队本身，也要受制于对手竞技水平的发挥。足球运动员竞技能力的构成要素主要包括技术、战术、身体素质和心理素质四个方面。

在竞技能力的构成要素中，技术和身体素质是战术的物质基础，而战术是以身体素质与技术为基础发展的，同时，战术又对技术和身体素质具有强大的反作用；心理素质为技术、战术和身体素质提供保证，它影响着训练和比赛中竞技水平的发挥，因此，这四者之间的相互作用是辩证的，彼此之间是相互影响、相互融合的关系。

三、校园足球训练的实战性规律

校园足球训练的目的就是要在实战比赛中创造性地运用所掌握的技战术，取得理想的比赛成绩。在足球训练中，要遵循以下几方面的规律。

（一）技战术能力的培养要全面而系统

在足球比赛中，运动员会面临各种各样的状况，在赛前，要仔细分析对手的技战术特点、同伴以及球的运动变化等各种因素，从而选择出合理的技战术行动。足球运动员只有全面掌握了足球技战术，才能选择最佳的技战术来完成比赛。另外，在全面的技战术训练中，运动员可以从中获得宝贵的技战术经验，这是运动员形成合理判断和应对的基础。因此，要全面而系统地培养青少年足球运动员技战术的能力，使他们的技战术水平得到更好的发挥。

（二）技战术发展要适合实战

在技战术学习的起始阶段，大多数教练员都采用分解和完整练习法，使青少年形成正确的技术概念和技术动作。但是，其技战术水平的发挥必须是通过比赛来检验的，这包括运用足球技术的规范性、时机和效果。

在青少年身体发育过程中，身高、力量等会发生很大的变化，要不断重新建立动作定型。青少年运动员的技术运用能力在原有基础上不断发展提高，因此在训练中要不断地修正技术动作，使学生运用技术的能力得到不断地持续发展。

战术训练要遵循战术发展的一般规律，从局部战术逐步过渡到整体战术。各个不同时期的训练要结合实际情况，恰当选择训练方法和负荷强度，循序渐进地在训练中引入比赛因素。超越年龄阶段引入比赛因素对青少年成长不利，可能会使他们身体承受的负荷过大，不利于身体素质的发展和提高。

（三）职业素质与技战术发展相统一

同技战术一样，职业素质也要有一个发展和完善的过程。青少年在参加校园足球运动中的职业素质反映在训练比赛中的纪律性，以及与同伴的交流、合作等方面，但他们的沟通与交流都相对简单。而如果青少年进入社会选择从事足球运动后，就要面对社会上名和利的考验，需要不断地提高职业素质以应对逐渐复杂的社会环境。

因此，对职业素质的培养，应该作为一项重要内容贯穿于青少年的校园足球训练当中。职业素质的培养，应注意以下几方面。

1. 对足球的热爱

热爱足球能使自己全身心地投入训练，享受足球带来的乐趣。这样就能承受长期高负荷的训练和比赛，并且在训练和比赛中积极发挥聪明才智，直到掌握足球高水平技能。

2. 责任感与交流能力

在比赛中要敢于承担责任，在队友困难时能够提供有力支持，在比赛中相互沟通。只有这样，才能建立起具有集体主义精神的团队。

3. 自律

在校园足球运动训练中，青少年要听取教练员的指导意见，严格要求自己，不能在取得暂时的成功后而降低对自己的要求。只有这样，才能使得自己的足球水平不断得到提升。

第三节　校园足球训练的基本原则

一、系统性原则

系统性是指从训练开始直至技术水平达到一定程度，其在不断提高的过程中，训练内容前后连贯、紧密相关而不中断。学习的任务、内容、要求和指标是层层衔接的，其目标就是打好基础，培养优秀的后备人才。

足球运动要经过多年的系统性训练，才能取得较好的成绩。时间短、计划散乱及内容脱节，是不可能达到较高水平的。不同的训练时期、训练内容都是紧密相连、相互影响和相互制约的。之所以遵循系统性原则，是因为足球运动的理论知识、技战术内容，都有其内部的系统性和联系；动作技能的掌握与提高，都有一定的规律，只有遵循这些规律，按运动项目本身的系统，持续不断地进行训练，才能取得良好的效果。校园足球训练贯彻系统性原则应注意以下几个问题。

（一）要正确确定训练的任务、内容、指标和要求

根据不同年龄青少年的现有水平，合理计划训练，做到由简到繁，由易到难，循序渐进，由浅入深，打好基础，切合实际，有利提高。

（二）要注意各个训练阶段的衔接问题

全面地考虑问题，实事求是地制定切实可行的计划，使训练系统化，以保证训练连贯性。

（三）合理安排训练和休息

对训练和休息的安排，能够使青少年在恢复中逐步提高训练能力，防止运动创伤，以获得良好训练效应的积累。根据学校的实际情况，在开学初可适当安排一个恢复阶段，可减小运动负荷量，逐步过渡到正常的训练，使学生有一个逐渐适应的过程，以适应提高训练水平和比赛的需要。进入期终考试阶段，又要适当减少训练次数并适当减小负荷，保证青少年在学校有充足的经历迎接考试，完成文化课的期终考试。要特别注意寒暑假期间的训练安排，不能中断，应尽量保持原有训练水平，以利于下一学期的训练。

二、区别对待原则

区别对待原则是指在校园足球运动训练中要根据学生各方面条件及不同训练条件和不同训练任务等，有区别地确定训练任务，对训练方法、内容、手段和负荷有相应的安排。

青少年学生在各方面的条件都有所不同，如身体条件、承受负荷能力、心理品质和个性特征等，都有所差别，因此训练中要遵循区别对待的原则。始终贯彻区别对待原则，有利于发掘青少年的潜力，防止训练

中个别人脱离整体现象，只有进行正确的区别对待，有的放矢地进行训练，才能取得良好的训练效果。在遵循区别对待原则的同时，也要注意以下几个方面。

（1）全面了解学生的个人特点。根据学生身体机能和心理状态的不同特点，对训练进行合理安排。如在性格方面，对外向的青少年要多用强烈的语言刺激，反之，则多应采用缓和的语言教授；对身体素质好的青少年应多采用专项训练，反之，则多采用一般性的训练；对训练水平高的学生负荷量相应增大，训练水平低的学生则要施加较低的负荷量；对理解能力较强的学生可进行一些必要的讲解，而对理解能力较差的学生或刚刚参加训练的学生，则应多做动作示范和指导。教练员可通过形态、机能测试了解学生的身体情况，通过观察学生的状态、对比成绩等方面，了解学生的情况，从而采取有效措施，因人而异，因材施教。

（2）全队及个人的特点，是通过训练计划反映出来的，主要内容就是要有对个人的要求和全队的要求，对于项目分工不同的青少年，应制定专门的训练计划，以满足实际需要。

（3）区别对待原则要始终贯穿于整个训练中，包括每次训练课和每次早操，除有共同要求外，都要针对青少年自身的不同情况提出要求，并采取相应的措施，处理好每个环节。

上述各项训练原则是相互联系的，训练中应认真地全面贯彻。足球运动训练的因素很强，因此训练中还应深入研究和认真贯彻各项训练原则。

三、周期性原则

在校园足球训练中，始终按照一定的周期循环，周而复始地安排训练就是遵循了周期性原则。参与足球运动训练的青少年，其下一个训练周期的要求和水平都应在前一个周期的基础上有所提高。

通过训练，参与足球运动的青少年的竞技能力可以在一个周期的训练中达到最佳的状态，这种状态我们通常称为竞技状态。竞技状态是通过长时间的训练培养出来的，我们将这个时期称为状态获得阶段。竞技状态形成后，可以稳定在一定的时期内，叫做竞技状态保持阶段。但是它有一定的保持时期，保持时期过后，竞技状态就会下降，我们称为竞技状态下降阶段。一般来说，周期训练划分为三个时期，即准备期、竞赛期、休整期，也就是说前一周期是下一周期的积累，每一个周期都是在原来周期基础上有新的目标。适当变换训练思想、内容和方法，以求周期性地提高运动成绩。

根据竞技状态的规律，我们确定足球运动训练的周期性。竞技状态是学生获得优异运动成绩所表现出来的最适宜的准备状态，离不开长期的刻苦训练。这一过程主要有三个阶段：

（一）形成阶段

经过较长时间训练，引起学生机体适应性的变化，机体能力、身体素质、心理品质和专项技术、战术不断得到提高，从而形成了统一的、具有专项化特征的竞技状态。

（二）保持阶段

竞技状态属于稳定期，在参加比赛时，能够充分发挥出青少年的运动潜力，创造优异的成绩。

（三）消失阶段

由于长时间的训练，很容易造成疲劳的积累，青少年各方面的身体机能都处于衰退趋势，因此需要一个恢复的阶段，达到消除过度疲劳的目的。由此可看出，竞技状态的发展和疲劳之间的练习，形成了一个训练周期。经过不断的调整、恢复、训练的过程，达到新的训练周期。

竞技状态发展中的三个阶段是紧密相连的，形成一个周期性的循环。根据竞技状态发展的这一规律，运动训练过程也应周期性地予以组织实施。依据以上竞技状态的规律来遵循周期性原则，需要注意几个问题。

（1）划分训练周期时，为加强基础训练，准备期计划时间应较长些。竞赛期应根据比赛的具体情况来安排时间。休整期应尽可能与期终复习考试时间一致。休整期仍应坚持适量的训练，假期可安排较大负荷的集训。

（2）足球运动训练，应重点训练身体素质和基本技术，承担比赛任务的青少年，应全身心为比赛做好准备，对平时非主要的比赛，可用训练的心态迎接，这一环节应特别重视，从而使整个计划具有完整性和系统性。

（3）周期结束时，总结经验非常重要，要抓住主要问题所在，分析、解决及改进问题，并根据训练的总体目标，合理安排下一周期的训练，使其能在前一周期训练的基础上，提高学生的训练水平。

四、直观性原则

直观性原则是指在足球运动训练中多采用直观的方法，让青少年通过视觉、感官，建立正确的动作表象，从而提高青少年的足球技术水平。

直观性原则主要是根据人们认识事物的普遍规律而定的。人们正确地认识事物，必须经历直观到抽象、感性到理性的认识过程。青少年在足球训练中，一般都是沿着直观（具体、生动的思维）、实践（建立动作表象，了解和学习技术要点）、建立概念（形成抽象思维）、学会和掌握动作技能的思维认识程序进行的。直观的感性认识在这一过程中具有重要的意义和作用。足球训练的每个环节上，青少年对动作的理解都要通过各种感觉器官获得，其获得的形象化认识有利于提高青少年所掌握的技能，一般要注意以下几点。

（一）注重在初期多采用示范训练

足球运动初期的训练中，教练员应多采用示范的训练方式，正确示范与错误动作示范相结合，并且注意完整示范与分解示范相结合。如果技术动作相对较难，多帮助和保护，快速地建立动作表象。

（二）要利用多媒体等直观方式

观看技术动作标准的青少年，并让学生积极的模仿，感知动作技术的完整与规范性。

五、一般训练与专项训练相结合原则

一般训练与专项训练相结合原则是指，根据项目的特点、对象的水平和训练的不同时期、不同阶段的任务，把一般训练与专项训练结合起来，以促进训练水平的提高。

足球运动训练一般采用丰富多样的非专项方法，对学生进行全面训练，促进学生身体形态、机能和身体素质全面协调发展，增强体质，发展健康，同时可以对非专项的理论知识有所了解，为足球运动训练水平的提高奠定良好的基础。

足球运动训练是采用专项或与专项相类似的练习，来发展学生的专项素质，掌握理论知识及技战术方法，为提高运动成绩做好充足准备

足球运动训练中之所以要遵循一般训练与专项训练相结合的原则，是因为中枢神经调整人的整个身体，身体素质与技术动作之间，是相互

影响、彼此制约的关系，只有当学生在良好的一般训练基础上，使身体各方面及各种身体素质得到高度全面、协调发展，并掌握大量动作技能储备的情况下，专项训练才能取得预期理想的效果。在足球运动训练中，贯彻一般训练与专项训练相结合原则，通常应注意以下几点。

（一）科学安排训练比重

确定一般训练与专项训练的比重，首先要根据足球专项的特点来安排。对难度大、技术复杂的动作，一般训练的比重可相对少些，专项训练的比重可大些；对技术、战术都比较复杂，对体力要求也较高的动作，则两者比重可较为接近。

另外，要注意青少年阶段的训练培养，初次参加训练阶段的初学者，主要进行一般训练，以后随着年龄的增长，水平的提高，一般训练的比重可适当降低。足球运动训练，学生在基础训练阶段，主要进行一般训练，打好各方面的基础，待到熟练掌握后，逐步进行专项训练。在专项训练的初期，专项训练也具有多项性质，逐渐过渡到单一专项，而在整个专项训练阶段，一般训练仍要保持适当的比重，应根据训练实践的变化，及时调整两者的比重，使之处于最佳状态。

（二）一般训练的内容要合理

一般训练的内容要注重基础性和实效性，其结构应具有足球专项的运动特点，以便更容易将这些练习的效应转移到足球运动中去。例如，对速度、力量项目的学生，一般训练应重点选择动作快、爆发力强的一般性练习。在基础训练阶段，一般训练应围绕打好身体和技术基础的任务进行。

（三）重点难点要安排妥当

要始终将训练安排、主要任务、重点难点贯穿到足球运动训练的各个阶段中去。一般训练的练习，其主要目的就是要打好基础，因此要根据这一目的安排内容；专项训练的练习，则应根据专项的特点和需求进行安排，并应体现出各专项的特点，要在全面安排的基础上，突出重点，明确目的，力求精练，获得最佳效果。

（四）采用丰富多样的方法、手段

一般训练与专项训练的形式方法要符合青少年身心发展的特点。增强趣味性和多样性，既可以分别进行，又可以相互结合；可整套练习，也可循环练习；可专门安排一般训练课，也可在早操或训练课中安排一定的内容，使两者有机地结合起来，提高训练的实效。可采用重复、变换练习法，也可适当采用游戏、比赛的方法。

六、合理安排运动负荷原则

合理安排运动负荷原则是指在训练中要根据人体机能的训练适应规律，学生承受负荷的能力，循序渐进地加大负荷量，并将不同强度的负荷量有效的结合，保证良好训练效应的积累。

合理安排运动负荷量对足球运动训练有着积极的影响，因为有机体是随着适宜负荷的变化而变化的。足球运动训练表明，负荷强度的大小是提高机能水平的关键因素。如果负荷过小，达不到相应的应激反应；负荷过大，机体则会出现劣变现象，导致伤病发生。

要根据人体适应的规律合理安排训练负荷和训练任务。人体适应规律是运动负荷对人产生的效应。负荷的量度越大，对机体的刺激越深，引起的应激反应也越强烈，随之产生的变化也非常明显，其技能水平的提高迅速。训练时期的不同，其负荷量也不尽相同。准备期任务是掌握技术、全面发展运动素质、提高人体竞技能力，这一时期的负荷量和节奏都要有所增加，但强度要适中；比赛期负荷强度要增到最大，负荷量相对减少；过渡期主要是恢复阶段，一般负荷量、负荷强度要小。足球运动训练贯彻合理安排运动负荷原则，应注意以下几点。

（一）客观制定运动负荷

运动负荷要根据青少年训练水平而定，并通过训练，稳步加大训练负荷，达到相应的训练目标。首先要根据学生的年龄、技术水平，合理安排负荷；其次掌握好负荷的节奏和强度。在一次大负荷训练后，应有足够的时间恢复，并在今后相应地调整训练强度。在训练中还要综合考虑学生的营养、作息、学习和恢复等问题。

（二）正确处理负荷与恢复之间的关系

一定的负荷训练会造成相应的疲劳积累，因此要保证一定的恢复时间，保证机体得到充分的恢复和超量恢复，为下次训练做好准备。负荷量和负荷强度是足球运动训练负荷的两个基本方面。前者反映训练负荷对机体刺激的量的大小，后者反映负荷对机体刺激的深度。反映负荷量大小的指标一般为时间、次数、重量、距离等。反映负荷强度大小的指标一般为远度、高度、速度、单位练习的负重量或练习的难度、密度。负荷量和负荷强度是统一的整体,彼此互相影响,关系紧密。负荷量是以负荷强度为基本条件,负荷的强度又都以一定的量为基础。

(三)有节奏、逐渐地安排负荷

青少年对训练负荷会产生一个适应的过程,各方面的适应并非是同时进行的,所以要逐步提高,由小到大,有节奏地安排,采用大、中、小负荷相结合,不同性质的负荷交替安排,使负荷波浪式地发展提高,以获得良好的训练效应。

(四)正确处理负荷量与负荷强度的关系

在一个大周期的训练中,一般是准备期优先增加量,中期阶段要加大负荷量,后期阶段逐渐下降,总体形势呈波浪形势发展。同时开始较大地提高强度,在准备期的后期达到较高水平。

在竞赛期,强度继续提高,并达到周期训练的最高峰,以迎接重要的比赛,与此同时,负荷量要下降到最低。如果竞赛期较长,则中间可适当降低强度,增加量,然后再降低量提高强度,达到强度的第二个高峰。后期恢复时,量与强度均呈急剧下降趋势,使学生得到很好地休整。

在安排足球运动训练负荷时,还应考虑学生的营养状况,学习与其他活动的负担等情况。

第四节　创新训练理念在足球训练中的应用

一、校园足球战略性训练理念的运用

(一)校园足球培养目标的理念内涵及实际问题

1. 校园足球培养目标的理念内涵

多年以来,为了使球队取得良好的比赛成绩、提高球队的比赛能力,我国的校园足球培养目标往往是以球队为重。然而,这种过于追求比赛成绩的观念使我国校园足球的训练存在着很大的误区,长此以往,不仅学生的个人优点和特长因被压抑而得不到正常发挥,而且教练员的执教思维也无法得到发展和创新。

在校园足球运动训练的过程中，想要培养高素质的球员，就应将青少年的个人技战术水平、场上应变能力和比赛成绩结合起来，以挖掘他们的最大潜力。因此，进行校园足球训练的正确理念应该在注重球员比赛成绩的同时，还应在足球训练中及时地发现人才、培养人才。

2. 校园足球训练的实际问题

（1）将球员体能作为组队的重要依据

科学选材是发掘足球人才的重要保障，更是提高校园足球成材率的基础。足球运动的选材在客观上对运动员有着特殊的要求，因此，在选材中不能只强调球员的身材、奔跑能力和对抗能力，而应根据足球运动的特点和对运动员的具体素质要求来进行选择，注意选材要遵循准确性和科学性原则，同时还要重视运动员的足球意识、协调性、观察力等特质的培养，并通过运动员的这些特质进行挑选。

（2）训练内容单一

由于我国足球运动员的体能素质不高，教练员为了快速提高青少年运动员的比赛能力，大多都将校园足球训练内容变成体能训练内容，训练中只重视眼前的比赛利益，而不懂得遵循足球运动的发展规律和足球运动员的自身生长发育规律。这种训练内容单一、片面的情况造成了我国青少年足球运动员的技战术能力的缺失，并忽视了足球运动员学习和掌握足球的基本形式和原则等内容，不利于青少年足球运动员的个人素质发展和足球运动训练水平的提升。

（3）运动员假龄现象严重

在足球比赛中，很多足球参赛队为了在比赛中取胜，弄虚作假，谎报年龄，以大打小。这就导致一部分青少年运动员失去了原本应有的比赛资格；而另一部分青少年运动员过早地参与体能训练，不重视球员足球技战术及心理素质能力的培养，不利于足球运动员个性特征的充分发挥。

（4）现代足球理论认识落后

目前，我国对校园足球训练的理论研究还处于初级阶段。调查显示，在北京体育大学足球专业的 60 篇硕士论文中，研究技术分析与技术训练的共计 13 篇，研究足球选材的共计 2 篇，研究发展与对策的共计 14 篇，研究赛制与职业化的共计 6 篇，研究竞赛特点与规律的共计 9 篇，足球生理学方面的研究共计 12 篇，足球心理学方面的研究共计 4 篇。

此外，我国的校园足球教练员对于专项训练的研究也比较落后，对足球运动理论的认识还缺乏系统的研究，这就无法为校园足球运动训练实践提供科学的指导。

（5）以参加大赛为重要战略部署

首先，由于不同的青少年运动员一年的训练成果差距很大，加上教练员对球员在重大比赛中的成绩过于重视，所以在我国各梯队足球运动员中，各年龄段中小一岁的运动员较少，使我国培养青少年足球运动员存在着短期行为，在对应年份的比赛中，可选球员少，造成足球后备人才资源的浪费。

其次，我国对影响足球运动发展的各因素及其之间的关系认识不清，有时只是简单地引进国外先进球队的训练方法，生搬硬套，缺乏自我认识，从而忽视了自身的发展方向。在校园足球训练中，训练的方式和方法比较盲目，这段时间认为体能重要就立刻强化青少年球员的体能训练，过段时间认为技术重要就猛抓技术训练，再过段时间认为作风重要就只强调整顿球队的作风，等等。这样常常会顾此失彼，得不偿失，很难形成球队自身的风格和特点。

最后，在我国的校园足球训练中，教练员吸收先进足球理念的能力不足。虽然每年我国都会请很多国外优秀的足球教练来国内执教和交流经验、举办教练员培训班、组织各种经验交流活动。但至今为止，我国的足球发展并不理想。我国教练员的知识积累不够，对理论知识的理解能力差是重要原因。教练员对现代足球理念的理解不到位，严重阻碍了校园足球训练的健康和科学发展。

（6）片面认识足球意识

现代足球理念认为，足球技术是足球比赛中的一种重要手段，足球技术是靠机体肌肉的运动来完成的，而机体的每项运动都受大脑的支配，可以说，机体是足球意识的遵从行为，足球意识是足球运动的最重要的因素。所以，应十分重视青少年足球意识的培养。

但是，在校园足球训练实践中，很多教练员在训练中无法真正做到以培养青少年运动员的足球意识为前提，仍然将青少年运动员的体能训练作为校园足球运动训练的根本内容。这就导致很多青少年球员缺乏良好的足球意识，而只是单纯地熟练足球技术，却不能在实际足球比赛中胜人一筹，也就无法取得好的比赛成绩。

（二）校园足球发展规划的实施理念与实践特征

1. 校园足球发展规划的实施理念

中国足协在1993至2002年的《中国足球事业十年发展规划》中提

出："要把开展青少年足球运动，培养大量优秀后备人才作为足球的战略重点。我国足球运动水平要提高，青少年的技术、意识、作风和良好的身体素质、文化素质是重要环节，必须下大力气，把青少年足球运动广泛地开展起来，形成良好的竞争机制，以此推动高水平后备人才的大量涌现。"

中国足协在《2003—2012 年中国足球十年发展规划》中强调："足球活动更加普及。全国中小学校普遍开展足球活动，运动员力争达到 5 000人，系统参加足球训练的青少年达到 100 万人。建立青少年足球训练营体制。从 2002 年开始，在全国逐步建立分级、分区、层层选拔的青少年训练营体制。"

从以上我国的足球发展规划中可以看出，我国足球运动的发展旨在培养青少年的足球意识，重视从小抓起，注重个体的发展，并积极加速培养我国足球的后备人才。

2. 校园足球发展规划的实践特征

(1) 注重各个梯队的建设

培养一个优秀的足球运动员需要长期的过程，而在我国的足球培养模式中，国家只注重国字号队伍的建设，忽视运动员的前期发展，因此获得的社会效益和经济效益甚微，具有明显的滞后性。

因此，现代足球战略性部署要求国家和足球俱乐部不能只注重眼前的比赛利益，而应在长期训练过程中持续给予足球运动员最大的支持和帮助，并应重视足球队伍的长期建设。

(2) 重局部，广普及

目前，我国足球运动发展的重点主要集中在几个比较大的城市，在全国范围内进行校园青少年足球的发展规划十分有限，缺少足够的时间和精力，这使得足球运动的发展缺乏广泛的群体基础。此外，在很多学校，一些体育教师由于综合素质所限，并不具备教授学生进行足球训练的资格，所以，亚洲足球展望计划也只能使部分校园的学生获益。

现代足球理念强调校园足球培养青少年运动员是一个长期性的过程。近年来，我国在培养青少年足球运动员工作中也做出了很多的努力，越来越多的在校学生更加热爱足球运动，并从中受益匪浅。由此，足球运动在校园的普及也进入了一个崭新的阶段，并将持续地、健康地朝着多元化方向发展下去。

(3) 建立健全比赛体系

现阶段我国的足球比赛体系还很不健全，尤其体现在青少年足球队的比赛体系上，目前，我国青少年足球运动员的比赛过少，主要集中在冬夏训中的赛会制比赛上。

因此，在现代校园足球运动的发展规划中，应重视增加一些青少年运动员参加比赛的机会，健全足球赛会制度，完善比赛体系，为足球运动员的长期发展创造更多的机会，并积极培养足球运动员在实际比赛中的运动能力和应变能力的提高。

（三）校园足球战略观念和训练理念的结合

在校园足球训练中，现代足球战略性的发展理念应该做到战略观念与训练理念的充分结合，具体如下。

首先，足球战略观念主导足球战略决策，而足球战略决策决定着足球战略的结果。校园足球训练理念是否准确和科学，直接决定着我国校园青少年足球的发展模式、发展水平和发展方向，所以，必须从根本上改变校园足球训练的落后理念，在充分重视青少年足球运动员体能发展的同时，还要重视他们心理素质的提高，积极促进他们足球运动技术的灵活性掌握和比赛应变能力的有效提升。

其次，现代足球训练理念对校园足球运动的实践具有积极的指导性作用，科学的校园足球训练理念是校园足球运动训练实践正常进行的基础和保证。我国的足球运动，尤其是青少年足球运动均证实：足球运动训练及比赛成绩的落后在很大程度上是由训练指导理念的不规范和不系统造成的。因此，校园足球运动想要获得不断发展和创新，就必须构建先进的足球训练理念，只有这样，才能为我国的足球事业培养更多的后备人才，才能真正从根本上改变我国足球运动水平落后的局面。

二、校园足球操作性训练理念的运用

（一）校园足球操作性训练理念的内涵和意义

校园足球操作性训练理念是指校园足球教练员在训练过程中，对学生的身心发展、足球发展二者的规律及学生学习认识的客观规律、比赛能力的提高所持有的有效性、针对性、持续性、实战性的看法与判断。

校园足球操作性训练理念对教练员在校园足球的训练实践地起着重要的指导作用，能使教练员有针对性地指导学生的训练，增加训练过程的趣味性和有效性，挖掘青少年足球运动员的足球运动潜力。因此，对校园学生足球训练规律的认识和把握有着重要意义。

多年来，虽然我国在足球运动项目上一直有过很多努力，但始终都没有培养出一个世界球星，这说明我们在足球运动训练中的理念比较落后，在校园足球运动的训练中缺乏针对性和操作性，训练过程不科学，事实上校园足球运动并没有得到足够的重视。

（二）校园足球训练理念的特征分析

足球运动是一项操作性很强的体育运动，在训练过程中，教练员应将自己所掌握的理论、技术和经验有效地结合起来，通过训练实践不断提高校园足球训练的质量，从而提高青少年足球运动员的运动能力和运动潜力。

1. 校园足球训练组织的理念特征

学生对足球训练内容和训练目的的了解程度直接决定了校园足球训练的质量和效果，这是校园足球训练的重要方法，是保证学生有针对性参与训练的前提和基础。

目前，我国校园足球教练员在训练内容的安排上缺乏针对性和可操作性，具体表现在以下几方面。

首先，课前没有制定相应的训练计划，足球训练缺乏系统性，训练内容缺乏针对性，教练员不能根据不同学生的特点合理安排训练内容。

其次，训练方法不当。在校园足球训练中，教练员常常是眉毛胡子一把抓，在训练中没有鲜明的主题，如设计"在中场利用人数优势争夺控球权"的训练中，一些教练员将场景安排在对方禁区，以多打少，这样不利于训练效果的实现。

最后，教练员只重视球队，忽视球员个体。在校园足球训练中，教练员一味地追求比赛成绩，往往在训练过程中针对整个球队进行训练，很少关注球员个体，更无法做到根据每个球员的体能素质、运动能力和位置职能等科学地安排训练内容和任务。

（1）训练计划

整体上看，我国校园足球教练员的专业知识和素养都较低，对足球训练计划的重要性认识不够，缺乏制定足球训练计划的能力。一些教练员甚至认为，制定足球训练计划的重要性不大，甚至有些教练员根本就不会写足球训练计划。

（2）训练内容

训练内容是校园足球运动能力提高的重要前提，只有科学、合理的足球训练内容，才能更加具有针对性和实战性，才能使青少年运动员的足球运动能力得到真正提高。因此，校园足球训练内容是否合理和科学，直接影响着青少年足球训练质量的提高和青少年足球训练效果的实现。在校园足球比赛中，大多数球员过于趋向于有球区，而不观察整个赛场形势，失去了很多传球和进攻机会。

因此，校园足球教练员应该不断提高青少年对足球运动的基本进攻形式、进攻原则、进攻方式、进攻时机的认识和判断。在足球训练中，教练员要将球员的个人突破、传切配合渗透到足球训练当中，并在训练中提高运动员的进攻和防守能力，从而使学生个人运动能力和集体协作配合的默契程度得到提升。

总的来说，校园足球训练的内容安排要有针对性，并符合阶段性特征，其训练内容的安排要注意科学、全面、系统、可行。

（3）训练负荷

校园足球的训练是一个长期的、循序渐进的过程，在此过程中，训练负荷的大小起着重要的作用。在训练负荷的安排上，训练量和训练强度是一对矛盾统一体，二者不能同时增加或同时减少，否则就无法达到运动的预期效果。

在我国，青少年足球训练比较重视大强度、长时间的重复训练，而一组国外的训练负荷安排（表4-1）显示，当地青少年足球训练的次数和训练时间均比我国足球训练的次数和时间少，但由于训练安排紧凑、合理，训练强度和训练密度比较科学，因此其足球训练的效果比我国校园足球青少年运动员训练的质量和效果要好。

表 4-1　青少年足球训练负荷安排

年龄段	训练次数	训练时间
10～12	每周训练三次 （一次个别和小组训练）	个别训练 75 分钟
13～14	每周训练三次 （两次个别和小组训练）	个别训练 60 分钟
15～16	全队训练五次 （两次个别和小组训练）	全队训练 75 分钟 个别训练 60 分钟
17～21	全队训练四次 （三次个别和小组训练）	全队训练 75 分钟 个别训练 60 分钟

事实证明，足球运动技能的高低取决于足球训练的性质、频度和强度，只要足球训练次数和强度符合足球实战要求，就能获得较好的训练效果。

目前，在我国校园足球运动员的实践训练中，训练次数和训练强度没有结合球训练，不能进行合理安排，导致了运动员掌握的技术动作粗糙、发挥不稳定、动作不熟练等诸多问题，从而使得运动员的体能不足、技术不规范。运动员要想在竞争激烈、干扰性强、体能下降的赛场上取得较好的成绩，其中足球训练的次数、频度、强度起着十分关键的作用。因此，在校园足球训练中，教练员要重视制定科学合理的训练计划、训练内容和训练负荷，以促进校园足球训练任务和目标的实现。

2. 足球训练指导的理念特征

（1）结合实战

在校园足球训练中，缺乏热情、自觉性不足和积极性不够是青少年运动员在训练中的通病。因此，在训练前教练员应该制定详细的训练计划和训练内容，并能针对每个球员的特点和整个球队的风格安排适合的训练内容，只有这样，才能使学生积极主动地投入足球训练中去，而不是被动地接受训练。

此外，在训练过程中，教练员应避免呆板、抹杀球员的训练激情，而是要根据实际情况灵活变化方法。足球运动不能为了训练而训练。如在设计"长传转移后射门得分"训练中，一名进攻球员接球后进入大禁区，刚要运球突破射门，教练却指挥其分边长传转移。足球比赛的目的是射门得分，得分最佳区域为球门对面的禁区附近，球员进了禁区却不让其充分发挥个人技能得分，这种练习本身就是死板的，不切合实战的。

（2）注重细节

在校园足球训练中，教练员应该重视对运动员动作细节的指导和训练，对训练中运动员出现的错误能够认真分析、细心指导，从而使运动员准确掌握符合实际需要的技战术内容。

例如，青少年足球运动员在运球训练时，一般习惯于低头看球，而不习惯于抬头观察场上的情况。这是因为，在平时的足球训练中，教练员没有仔细观察，也没有严格要求，更没有能结合战况实际组织训练。因此，在校园足球训练中，教练员要注重学生的每一个动作细节，要让学生明白训练内容和训练目标，做到结合场景向学生讲解为什么这样做，让学生能根据场景选择技战术行为。

（3）重视球员

实践证明，足球训练内容只有通过球员自身的体验和突破，才能实现其运动技能的快速提高。但是，很多足球教练员仍然采用灌输式训练法，习惯手把手地教授球员足球的技术动作和战术应用方法，这就使球员失去了自己想象、创造的空间和自我体验的机会，最终导致球员在赛场上出现技不如人、不会比赛的局面。

此外，教练员在训练过程中还存在另外一个误区，即球员一旦不按照教练事先安排好的技战术进行训练，而想要发挥个人技巧的时候就会遭到教练员和队友的斥责。这在某种程度上扼杀了球员个性特征的发挥和训练的积极性和主动性。

因为在训练中每个运动员的个体情况有所不同，如果不能进行积极的自我思考，一味地遵循教练的安排进行同样的训练，就无法发现自己的缺点，也就不能充分发挥自己的优点，不利于球员的健康成长。因此，在校园足球训练中，教练员要认识到球员是整个训练过程中的主体，要得到足够重视。

3. 球员自信与兴趣激励的理念特征

兴趣是最好的老师，它能使人指向愿意接近的对象，使人愿意对事物进行探索。兴趣是青少年足球运动员从事足球运动的重要心理动因，有利于个体进行建设性、创造性的活动。

球员的自信心指球员以积极的态度对待自己和自己的足球运动能力。自信心对球员完成任务起着重要的作用，它能使运动员在球场上积极主动、果断行动。有自信的球员在压力面前能够保持冷静，能使注意力始终集中在关键环节上，能以旺盛的精力积极参与比赛；自信的球员能够抓住进攻的机会，能良好地控制比赛节奏，增加得分的机会；自信的球员能正视自己的进步以及从足球运动中获得的感受判断成功与失败，能积极地面对失利和挫折，为下一次比赛积累经验和教训。

在校园足球训练中，教练员要积极鼓励青少年球员，要帮助球员认真分析错误并寻找改正方法，在训练中培养运动员的自信心。同时要鼓励球员积极进行思考，其中正面评价球员也是增强球员信心的有效方法。

（三）校园足球训练理念的完善

1. 让球员在训练中享受足球

在校园足球训练中，让球员学会享受"踢球"的乐趣，有助于足球运动员的健康成长，对于青少年的特点，在足球训练中应该积极引导他们将足球运动看作是一种游戏去体验和享受，增加他们踢球的兴趣，让他们能够在轻松的氛围中发现和感受足球的魅力，为其终身参与足球运动打下基础。

2. 根据球员特点进行针对性训练

在校园足球训练中，青少年有其自身的生理特点和心理特点，因此在校园足球训练中安排训练内容和训练强度要有针对性，选择合理的方式方法，确保足球运动员的训练符合其成长过程，使其从初学者到顶级运动员的过程能够实现良性发展。

校园足球训练的目标是教会学生踢球，这对处于学生时期的运动员来说，对其技战术、体能素质及心态都提出了较高的要求。对青少年而言，将足球训练要求分成小的短期目标，能提高彼此能力，进而在长期的训练过程中逐渐实现更高的目标和要求，如果放弃任何一个短期目标，都会对以后的训练带来不利影响。

3. 训练指导与球员的发展需求同步

在校园足球训练中，教练员要想做到训练指导与球员的发展需求相适应，就必须用批判的观点审视足球运动训练的组织设计和计划安排。教练员应时刻考虑足球训练过程还需要什么改进才能更好地适应运动员的长期发展。教练员要将"足球的重要基础"移植到校园学生的接受水平，以便于在运动之外更好地给予青少年学生足球训练的设计和实施。

与此同时，教练员必须提高自己的执教能力和水平，包括观察能力、教育能力、组织能力、辅导能力、训练能力、示范能力及自我提高能力等。

4. 结合足球发展趋势训练球员

足球是一项集体运动，受多种因素的影响，所以在进行校园足球训练时应考虑全面、计划周详。只有真正掌握了比赛所需的各种基本运动技巧和技能，运动员才能在赛场上获得好成绩，才能实现自身的不断发展。

首先，要注重运动员的全面运动能力的提高。现代足球比赛更加重视队友之间的默契配合，这就必然要求足球运动员具备全面的足球技巧，能在赛场上灵活地处理各种复杂多变的情况。

其次，要重视足球运动员体能素质的训练。现代足球竞争激烈，球员在赛场上的运动量和运动强度都很大，足球比赛对球员的体能素质是个很大的考验。

　　最后，要加强运动员心理素质训练。心理素质训练也是足球训练课中重要的组成部分，良好的心理素质在对抗双方实力水平相当的情况下，显得尤为重要。只有具备了良好的心理素质，才能在赛场上掌握主动，最终赢得比赛。

第五章 校园足球教学与训练的评价体系研究

校园足球的教学与训练是针对学生开展的以提高他们足球运动技战术能力的专门性教学训练活动。为了能够客观、准确地了解学生接受足球教学与训练的效果，对它的测量与评价就成为必不可少的环节。因此，本章就主要对此进行详细地研究。

第一节 学生的身体素质评价

学生的身体素质即学生的体能状况。足球运动是一项高强度、高对抗和高速度的球类运动，因此，充沛的体能是参与足球运动的人士不可或缺的，当然这也是支撑学生顺利参与足球运动的关键因素。因此，在建立校园足球教学训练评价体系的工作中一定不能忽视对学生身体素质方面的评价。具体来讲，人体的体能一般通过五种身体素质的形式表现出来，即力量、速度、耐力、灵敏和柔韧。所以对于学生身体素质的评价也需要从这五方面入手。

一、对学生足球运动的决定性身体素质的评价

（一）对力量素质的评价

1. 力量素质的评价内容

实际上，身体的五大素质各有各的侧重，他们都在运动中发挥着各自的作用。但在其中，力量素质无疑可以被称为是五大身体素质之首，它是各项身体素质的基础，它对多项身体素质都有影响，如力量越大的人，他的爆发力就相对越强，启动速度就相对越快。足球运动是一项高对抗的运动，在这一过程中，运动者除了要在自身技术动作上消耗体力，还会在与对手的对抗中消耗体力。因此，力量素质是学生掌握多种运动技能、提高足球运动实战能力的重要保障。

现代足球比赛较之以往更具对抗竞争性。激烈程度的加剧使得球员之间出现了更多的身体接触以及为了抢占有利的空间位置，经常要运用合理冲撞、变向、急停转身、传球、跳起、射门等技术动作。为了使这些动作在做出后获得理想的效果，就需要充足的腿部力量和腰腹力量作保障。因此，鉴于足球运动的运动特点，在制定力量素质评价内容时就应将重点放在检验学生的是否具备足够的腿部力量。在评价过程中应优先选择反映学生腿部力量与全身协调用力的指标进行评价。

2. 力量素质的评价方式

（1）立定跳远

评价目的：测试和评价学生腿部向前的爆发力。

场地器材：一块平整的地面；一把测量尺。

评价方法：学生应穿足球鞋，每人试跳3次。

评价标准：取最好成绩为最后记录。跳得越远表明腿部力量素质越好。

（2）原地双脚纵跳

评价目的：测试和评价学生腿部向上的爆发力。

场地器材：一块平整的地面；一个摸高测量仪。

评价方法：学生站在墙边，将手臂尽量靠近墙面并努力向上伸，双脚脚跟不能离地，在指尖摸到的最高点做一个记号。然后学生离开墙边，尽力双脚同时用力做向上纵跳动作，再次在指尖摸到的最高点做一个记号。两个记号之间的距离就是所得的成绩。

评价标准：取3次测试中最好的成绩进行记录。距离差越大表明腿部力量素质越好。

（3）助跑单脚纵跳

评价目的：测试和评价学生腿部向上的爆发力。

场地器材：一块平整的地面；一个摸高测量仪。

评价方法：和原地双脚纵跳基本相同。学生站在墙边，将手臂尽量靠近墙面并上伸，注意双脚脚跟不能离地，在指尖摸到的最高点做记号；学生离开墙边，经助跑后，尽力做单脚向上纵跳，再次在指尖摸到的最高点做记号。前后两个记号之间的距离就是学生所得的成绩。

评价标准：取3次测试中最好的成绩进行记录。距离差越大表明腿部力量素质越好。

（4）立定三级跳

评价目的：测试学生腿部向前的爆发力与全身用力的协调性。

场地器材：一块平整的地面；一把测量尺。

评价方法：学生应穿足球鞋，每人试跳 3 次。

评价标准：取最好成绩为最后记录。跳得越远表明腿部力量素质越好。

（5）引体向上

评价目的：测试与评价学生的臂力。

场地器材：一副单杠。

评价方法：在单杠上，学生双手正握杠（掌心向前，拇指相对），身体静止悬垂开始，拉臂引体向上，下颌超过杠面计一次。

评价标准：20 次为优秀，18 次为良好，15 次为中等，10 次为及格。

（6）1 分钟仰卧起坐

评价目的：测试与评价学生的腰腹力量。

场地器材：一块垫子；一块秒表。

评价方法：学生仰卧在垫上，两腿并拢屈膝约成 30°角，两臂平放在大腿上，由测量者压住学生双脚踝部，起坐时双肘触及两膝即成功一次。仰卧时，两肩胛骨触垫。学生发出"开始"口令的同时，打开秒表进行计时，记录 1 分钟内学生正确完成动作的次数。测试过程中学生不得借助肘、手撑垫或臀部起落的力量。

评价标准：70 次/分为优秀，60 次/分为良好，50 次/分为中等，36 次/分为及格。

（7）1 分钟悬垂举腿

评价目的：测试与评价学生上肢、腰腹部、腿部的力量和协调性。

场地器材：一副单杠；一块秒表。

评价方法：学生双手握杠成悬垂姿势，双腿直腿连续快速上举，举腿幅度必须超过 90°角，测量者记录学生在 1 分钟内完成的次数，每人测试一次并记录成绩。

评价标准：1 分钟内完成次数越多则力量素质越好。

（8）1 分钟俯卧撑

评价目的：测试与评价学生的上肢力量。

场地器材：一块垫子；一块秒表。

评价方法：学生用双手和双脚尖撑地，呈俯卧姿势。接着双臂弯曲，身体下落，直至胸部接近地面，然后再将双臂伸直，还原成原俯卧姿势，至此完成一次动作。测量者记录学生在 1 分钟内正确完成的次数。测评过程中学生进行下落和上推时，不得弓背。在俯卧撑的过程中，塌腰、提臀、屈臂大于 90°均不计成绩。

评价标准：22 次/分为优秀，18 次/分为良好，15 次/分为中等，10 次/分为及格。

（9）掷界外球

评价目的：测试与评价学生上肢、腰腹部以及下肢的力量和协调性。

场地器材：一块平整的足球场；一把测量尺；一个足球。

评价方法：在规则所要求的界外球规格条件下，学生进行界外球掷远，用测量尺测量掷界外球的距离。

评价标准：取两次中的最好成绩。掷球距离越远力量素质越好。

（二）对速度素质的评价

1. 速度素质的评价内容

在一场足球比赛中，学生为了完成战术要求和积极拼抢，经常要做快速的冲刺奔跑，同时还要根据足球场上情况的变化与需要，在各种技术动作中结合诸多急停急起、急停变向等动作。这些都需要学生具备出色的速度素质才可以完成。

速度对于足球运动的意义是不言自明的，无论是位移速度还是动作速率都属于速度的范畴，高水平的足球比赛通常都会以较快的速度和在高速下的动作成功率作为评判。因此，根据足球运动的这一特点，可以确定在针对学生的体能评价体系中，对速度素质的评价核心应为速度耐力素质。

2. 速度素质的评价方式

（1）3 米侧滑步

评价目的：评价学生快速横向移动速度。

场地器材：一块平整的水泥或沥青地面；一块秒表。

评价方法：在地面上画两条相距 3 米的平行白线，中间 1.5 米处画一条细中线。每次可有 2～4 人（监测人相同）共同参与测试，预备时，学生站在两条边线之间，后脚踩一边。听口令后，尽快在两条边线之间往返滑步跑。每次必须一只脚踩到边线，计 30 秒踩到边线的次数。测评过程中，要求学生穿胶鞋参与测试，且每次往返，必须踩到边线。

评价标准：测两次，取最好的一次记录成绩。30 秒踩到边线的次数越多，速度素质越好。

（2）3 米交叉步摸地

评价目的：评价学生快速移动的灵敏性与协调性。

场地器材：一块平整的水泥或沥青地面；一块秒表。

评价方法：在水泥或沥青地面上画两条相距 3 米的平行白线，中间 1.5 米处画一条细中线。测试人数及准备同上。听口令后，用交叉步快速在两条线之间往返跑（始终面向一方），每次只能用一只手摸到边线，计 30 秒摸到边线的次数。测评过程中，要求学生穿胶鞋参与测试，且每次往返，必须摸到边线。

评价标准：测两次，取最好的一次记录成绩。30 秒摸到边线的次数越多，速度素质越好。

（3）30 米绕杆跑

评价目的：测试与评价学生直线短距离快速跑动中身体的协调性和灵敏性。

场地器材：一块平整的足球场地；一根标志旗杆；一块秒表。

评价方法：在平整的足球场树立几个不同间距的标志旗杆（图 5-1）。学生在开始的端线准备站立式起动，自己决定开始跑动的时机，跑动时必须绕过每一根标志杆，跑两次。

评价标准：要求学生跑两次，取最好成绩记录。用时越短成绩越好。

图 5-1

（4）三角跑

评价目的：测试与评价学生快速、持续移动的速度素质。

场地器材：一块平整的足球场地。

评价方法：在平整的场地上划出边长为 10 米的等边三角形，选出一角的顶点做起终点（图 5-2）。学生采用站立式起跑，人动表开，沿三角形做顺时针、逆时针平跑各一次，学生到达终点线停表，人到表停。如果在跑的过程中，踩到或进入三角形边线则不计成绩。

评价标准：测试 3 次，取最好的一次成绩记录。用时越短成绩越好。

（5）5×25 米折返跑

评价目的：测试和评价学生折返跑的速度和耐力素质。

场地器材：一块平整的 60 米×25 米的场地；一块秒表。

评价方法：在场区内每 5 米画一条 6 米长的线（图 5-3）。学生站在起终点线后，手动开表，学生快速跑，从起终点到 5 米、10 米、15 米、20

米、25 米线依次做折返跑，在折返跑中的每个转身动作必须单脚过线。最后冲过起终点线计时停止。如果出现滑倒或转身没踩到线的情况均不计成绩。

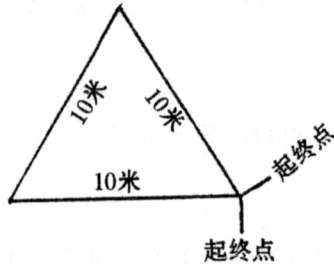

图 5-2

评价标准：间歇 2 分钟后再进行第二次测试，共测两次，取两次中最好的成绩做记录。用时越短成绩越好。

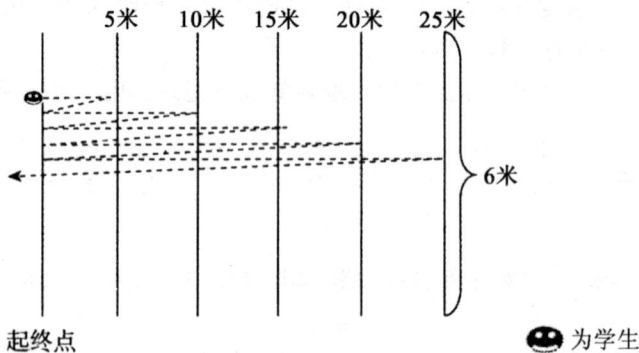

图 5-3

（三）对耐力素质的评价

1. 耐力素质的评价内容

足球运动的运动特点决定其必然需要消耗人体大量的能量。这主要体现在一场完整的正规足球比赛时间较长，为 90 分钟，而在一些赛会制比赛的淘汰赛中双方打平还要进行 30 分钟的加时赛，甚至还有最终的点球决战。长时间、大强度的奔跑对学生的体能是一个极大的考验，因此，足球运动对学生的耐力素质具有较高的要求。根据这一运动特点，就可以制定学生耐力素质评价的主要内容是学生在摄取氧气充足的情况下长时间坚持运动的素质能力，即有氧耐力素质。

2. 耐力素质的评价方式

（1）12 分钟跑

评价目的：测试与评价学生的有氧耐力。

场地器材：一块田径场地；一块秒表；一把皮尺。

评价方法：在田径场 400 米跑道上进行。由考评员计时，并发出出发信号，测试学生采用站立式起跑，12 分钟时间到时，考评员发出停止信号，测试学生即刻停止跑动并在停止地点做出标记，由考评员计算学生跑的距离。

评价标准：12 分钟跑 3200 米为优秀，3000 米为良好，2900 米为中等，2800 米为及格。

（2）固定距离跑

评价目的：通过测试学生的前进、侧向跑、后退、转身、障碍跑以及跳跃动作，来评价学生的有氧耐力及跑动中的灵敏性。

场地器材：一块足球场地（图 5-4）；一块秒表。

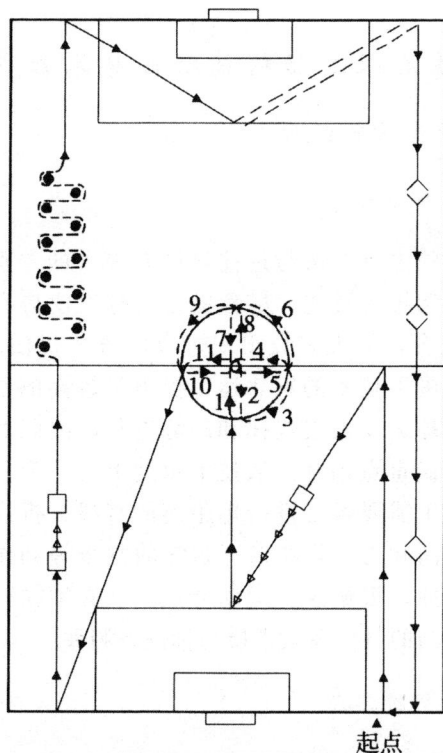

图 5-4

评价方法：根据场地中的测试循环路线，学生在尽可能短的时间内完成四次测试循环。测试循环线路可设置在足球场的四周，测试循环线路的安排可以发生变化，但在重复测试时要尽量使用相同的场地设置。学生在测试中可以每隔 15 秒命令学生出发，直到测试达到 8 人为止。

评价标准：用时越短成绩越好。

（3）YOYO 测试

评价目的：测试与评价学生的有氧耐力。

场地器材：一块足球场地；一块秒表；一台录音机。

评价方法：YOYO 跑即 YOYO TEST，在平坦的场地上或在田径跑道上划出相距 20 米的两条线，学生采用站立式起跑，从一条线出发跑向另一条线，在两条线之间按录音机播放的 YOYO TEST 录音带的节奏做往返跑。学生必须在每次发出节奏的鸣叫声时踩到线（按节奏踩到的线）并折返跑向另一条线，如不能按时、按节奏踩到该踩到的线时即犯规，第一次警告，第二次停止测试并记录跑的时间，按跑的时间评分。

评价标准：12 分为优秀，11 分 30 秒为良好，10 分 50 秒为中等，9 分 40 秒为及格。

二、对学生足球运动的辅助性身体素质的评价

（一）对灵敏素质的评价

1. 灵敏素质的评价内容

现代足球运动的主流打法与过往早已有很大的差别了，现代足球更加注重控球率，强调短传渗透。尽管更新的打法使得有针对性的长传再度与短传打法相融合，但大多数组织进攻的方式仍旧需要从短传开始。这种打法对于球员脚下技术的娴熟运用提出了较高的要求。校园足球教学与训练要紧随足球运动发展规律和趋势进行，因此对于学生的短传技术及其相关技术要做重点训练。从技术角度上看，为了完成这些近乎精细的技术动作，学生需要经常进行短距离的直线、折线与弧线的快速冲刺跑，另外急转变向和为了躲避对方防守的跳步等动作都非常依赖于良好的灵敏素质。因此，根据这一运动特点，就必须在校园足球教学训练评价体系中选择适当的身体灵敏素质指标进行测评。

2. 灵敏素质的评价方式

（1）3 米往返跑

评价目的：测试与评价学生的灵敏性素质。

场地器材：一块平整的木板地或平坦的土场地；一块秒表。

评价方法：在木板地或平坦的土场地上划两相距 3 米的条线，受试者站在线上，听口令开始在两条线间做往返跑，每次必须有一只脚踩到白线。计 30 秒内受试者的踩线次数。

评价标准：测两次，取最好一次的成绩。32 次/分为优秀，30 次/分为良好，28 次/分为中等，26 次/分为及格。

（2）越障碍变向跑

评价目的：测试与评价学生快速奔跑与变向的能力。

场地器材：8 个锥形标记物；一把卷尺；一块秒表；笔和纸。

评价方法：学生趴在地上，腹部着地，双手与胸部平齐，任何体重都不能压在手上，双腿伸直，脚掌朝上，鞋钉不能着地。学生听到"开始"口令后马上爬起，向触摸线冲刺，必须触线；然后按照图 5-5 所示路线绕锥形标志物快速冲刺；绕过锥形标志物后返回触摸线，然后以最快速度跑向终点。

评价标准：测两次，取最好的一次记录成绩。用时越短成绩越好。

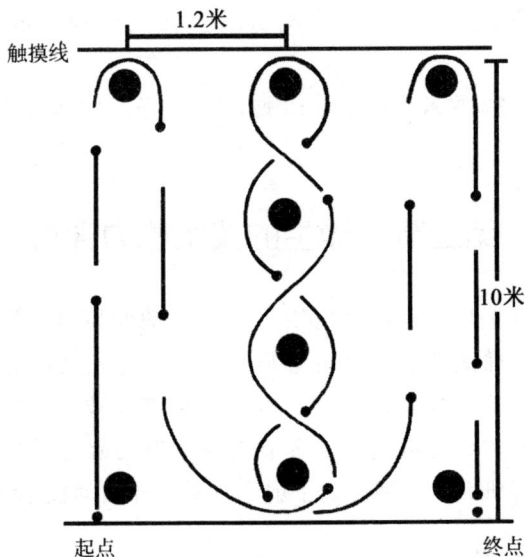

图 5-5

（二）对柔韧素质的评价

1. 柔韧素质的评价内容

在足球运动中，柔韧素质与上述四种身体素质相比好像作用不大，而实际上柔韧素质对于学生来讲是一种十分重要的运动素质，之所以经常被人们忽视，主要是因为它的作用的表现通常处于一种隐性的状态。

在足球运动训练中，学生的柔韧素质一般表现为对自身身体协调性的控制，发展柔韧素质既可以帮助动作幅度的加大，使动作更加优美和协调，又能够有效提高身体重要部位的力量以此为在运动中的骨骼和关节提供有效保护，减少运动性伤病发生的几率。因此，在针对学生的柔韧素质评价时，也要将柔韧素质融入评价体系当中。

2. 柔韧素质的评价方式

学生的柔韧素质评价主要是采用直立摸低的方法来进行。

评价目的：测试与评价学生的柔韧性和协调性。

场地器材：高度不等的台阶若干个。

评价方法：学生站在垂直的台阶上进行测试。学生两腿并拢伸直（膝关节不能弯曲），双脚并拢，脚尖与台阶前沿对齐，上体前屈，两臂伸直，双手沿台阶向下摸，指尖尽力向下摸。计分时以台阶平面边沿为0点，向下为正值，向上为负值。测量学生指尖摸到的最低点距0点的距离。

评价标准：23厘米为优秀，18厘米为良好，13厘米为中等，7厘米为及格。

第二节　学生的技术能力评价

足球运动技术是该项运动区别于其他运动的最显著特征。另外，技术也是每一位足球运动的参与者必须掌握的。对于足球运动技能的评价主要是针对诸多基础技术的考察，具体包括接球技术、运球技术、传球技术、射门技术和守门员技术。本节就主要对校园足球教学与训练的技术能力评价进行研究，以期准确了解学生对足球运动技术学习的效果。

一、接球技术评价

在足球运动实战中，接球技术并不是单一存在的，它更多是与其他技术相结合使用。从技术动作的顺序来看，就能很明显地发现一切后续动作（运、传、射）的基础都是"接"。因此，在对学生的技能评价中要将接球技术与相关的其他技术结合进行评价，其评价方法可以采用接球传准的方法，通过这种方法来测验学生接四方高低球的技术和传球的准确性水平。

场地器材：如图 5-6 所示，在球场或平坦的地面上画一条长度大于 5 米的白线。以白线为一边，在白线中段一侧画边长为 3 米的正方形接球区。接球区两边 1 米处各画 1 条与白线垂直的线，与接球区边线构成传球区。在白线中段的另一侧距白线中点 20 米处插 1 根高 1.5 米的标志杆，以杆为中心画半径为 1 米和 2 米的两个同心圆。准备一块秒表。

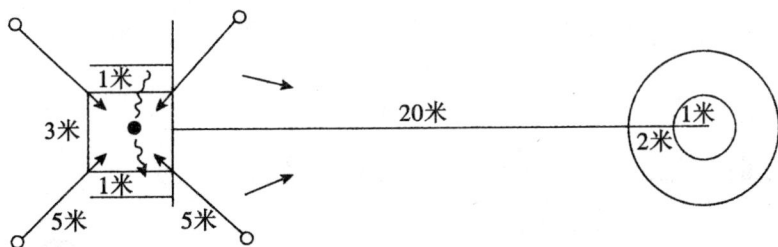

图 5-6

具体评价方法：学生站在正方形的接球区内，接如图所示的四个方向传来的不同高度的来球，然后迅速带球至传球区并踢向标志杆。打中标志杆和落点在中心圈内得 5 分，落点在外圈得 3 分，落点在圈外不得分。

要求接球后分别向右、左传球区带球 1 次，用右、左脚各踢 1 球。每 4 球为 1 轮，共测 3 轮 12 个球。从第一个球进入接球区开始计时，到第 12 个球踢出时停表。在传球区外踢球扣 1 分，记录学生的所得总分。测试时间为 1 分钟。

测试注意事项：没有在接球区接到球，需要运回区内再带往传球区踢准；传球人需及时将球传出。

二、运球技术评价

（一）折线运球

折线运球主要是测试和评价学生尽可能快地从起点运球经过折线运球到达终点的能力，测试学生折线运球速度的快慢。

场地器材：如图 5-7 所示，在场地上划两条间距为 9 米的平行线，在平行线上分设 A、B、C、D、E、F，共 6 个点，每条线上各点之间的距离不等。

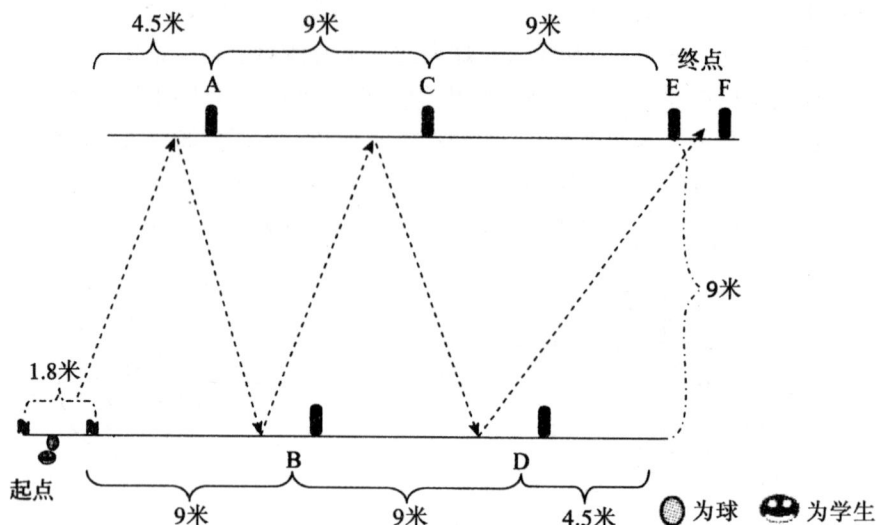

图 5-7

具体评价方法：学生站在起点线后自行决定测试开始时间，球动起表。起动后学生按虚线轨迹带球，在各个标志前过线后做折线变向运球，在 E、F 之间的终点线之外踩停住球，停止计时。

测试注意事项：严格要求学生不能让球触碰两条线上的标志；球的整体在运球折返时必须越过标志前的线；队员、球不得绕过标志。

（二）折返运球过杆

这项测试的目的在于通过学生运球绕杆的快慢程度来评价他们掌握运球技术的熟练程度。

场地器材：在平整的场地上划两条相距 20 米的线，两条线中间插 10 根距离不等（1～3 米）的标杆；一块秒表。

具体评价方法：听学生口令，学生从端线起运球，开表计时，从左右两侧依次过杆，往返运回到端线，人球到线时停表。测两次，取最好的一次成绩进行记录（图 5-8）。

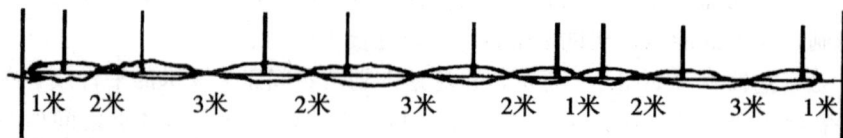

图 5-8

测试注意事项：学生不得将标杆碰倒；漏杆者需补过杆；计时精确到 0.1 秒。

（三）运球转身

运球转身测试主要是评价学生在运球过程中对转身方法的掌握以及完成运球转身技术动作水平。只有学生具备出色的速度和良好的身体协调性才能在测试中获得良好的成绩。

场地器材：平整的场地；足球。

具体评价方法：如图 5-9 所示，在场地上划相距 4.5 米的 A 线和 B 线。学生持球站在 A 线后，球动开始计时，学生带球从 A 线到 B 线，过 B 线后迅速转身返回 A 线，过 A 线后再迅速转身返回 B 线，最后返回 A 线并停球，计时停止。

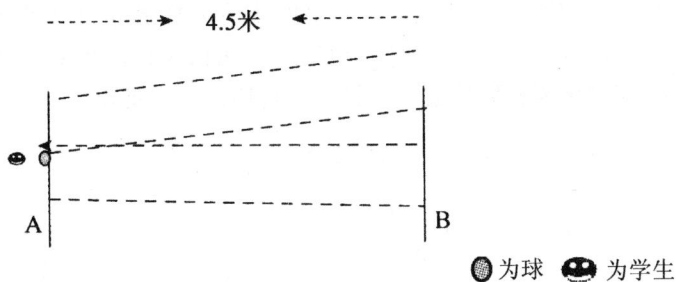

图 5-9

测试注意事项：要求学生在 1 组测试中至少完成 3 个相同的转身动作；每个学生测试 3 组，取 3 组成绩平均数作为最后成绩；测试中，学生每组的转身技术动作不能相同。

三、传球技术评价

（一）吊圈传准

吊圈传准主要测试和评价学生的传球准确性。

场地器材：如图 5-10 所示，在足球场上划出一个外圆半径为 4 米，内圆的半径为 2.5 米的双环，在与双环相距 20～40 米的地方划出一个矩形作为传球区。

具体评价方法：学生将足球放在第一条线上，向传球区内拨球，随后跑上去向圈内传球，让球保持运动状态，每人踢 5 脚。进球第一落点在小圈得 2 分；进球第一落点在大圈得 1 分；未传到圈不得分。

测试注意事项：要求学生在传球时必须使用脚背内侧踢球。在熟练后，可以安排脚背外侧的踢球。

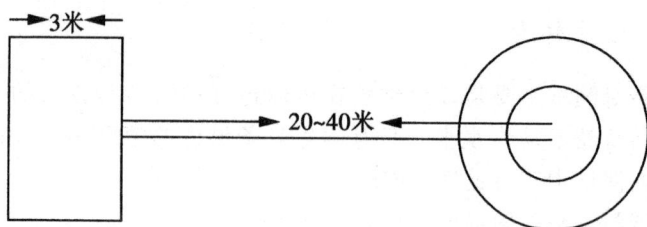

图 5-10

（二）三角形地滚球传准

三角形地滚球传准主要测试和评价学生传接地滚球的能力。

场地器材：如图 5-11 所示，在平整的场地上划出 3 个直径 5 米的圆圈构成 3 个测试区域（A 区、B 区和 C 区），每两个区的中心之间距离为 17 米，3 个测试区域共同构成一个等边三角形；一个足球。

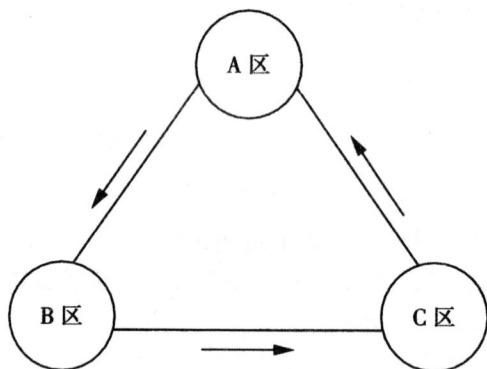

图 5-11

具体评价方法：将学生分成 3 个小组，每组 1 名学生。3 名学生分别站在三个测试区内。测试开始，A 区学生持球，将球按逆时针方向传给 B 区学生，B 区学生再将球传给 C 区学生，依次重复。测试时间为 30 秒，计 30 秒之内的传球次数。

测试注意事项：对学生传球的脚的部位不做限制；球传出或弹出测试区外则快速运球回到测试区内继续传球。

四、射门技术评价

（一）头顶球射门

头顶球射门主要测试和评价学生头球技术的准确性，以及学生把握头球的时机和头球射门进球的能力。

场地器材：如图 5-12 所示，在与球门相距 2 米的地方画一条直线作为抛球限制线，并在距球门线 10 米或 12 米处画头顶球区域线，在距头球区域线 5 米的地方画一条助跑限制线。

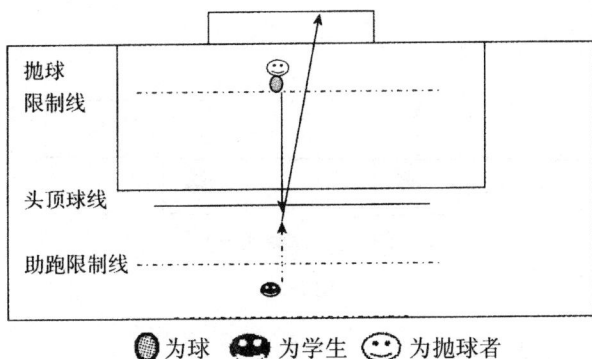

为球　　为学生　　为抛球者

图 5-12

具体评价方法：学生站在助跑限制线外，抛球者抛球后，学生助跑在头顶球线前顶球射门。每个学生限顶 3 次，球直接进门计 1 分，球弹地进门计 2 分，球弹地两次以上（含两次）不计成绩。

测试注意事项：学生要站在助跑线外起动助跑；抛球者抛球后学生判断好球落点，助跑并在顶球线前利用头顶球射门。如果在顶球线内顶球则不计成绩。

（二）踢球射门

踢球射门主要测试和评价学生利用脚背内侧和脚背正面射门的能力。

场地器材：如图 5-13 所示，球门中心设一锥桶，两球门柱外 2 米处也设置一锥桶。罚球区线内 2 米处画 1 条标志线，罚球区线与球门区延长线外画 1 个长 3 米，宽 2 米标志区。

具体评价方法：学生站在罚球区外标志区内，开始计时后，学生运球进入罚球区，在球滚动过程中起脚射门。球射入球门线中点至远门柱区域得 3 分；射入球门线中点至近门柱区域得 2 分；射入球门远门柱至锥形桶之间区域得 1 分；球踢在门梁、门柱、近门柱外得 0 分。

测试注意事项：学生必须采用要求的射门脚法使用中等以上力量射门，过于绵软无力的射门应被判为无效；学生的 6 次射门必须在 25 秒钟之内完成；要求学生在每个区域各射门 3 次，左侧用左脚射门，右侧用右脚射门，左右脚各射门 3 次。

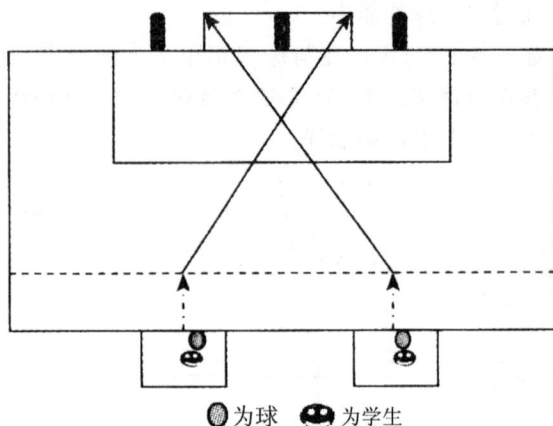

为球 为学生

图 5-13

（三）球门墙射准

球门墙射准主要测试和评价学生左右脚定点射门的技术。

场地器材：如图 5-14 所示，按标准球门画球门墙（内高用鲜明线均分为 3 份，内宽均分为 7 份，标明各部位得分）。球门墙前画罚球区和罚球弧，以球门底线中点为圆心，16.5 米为半径画弧。

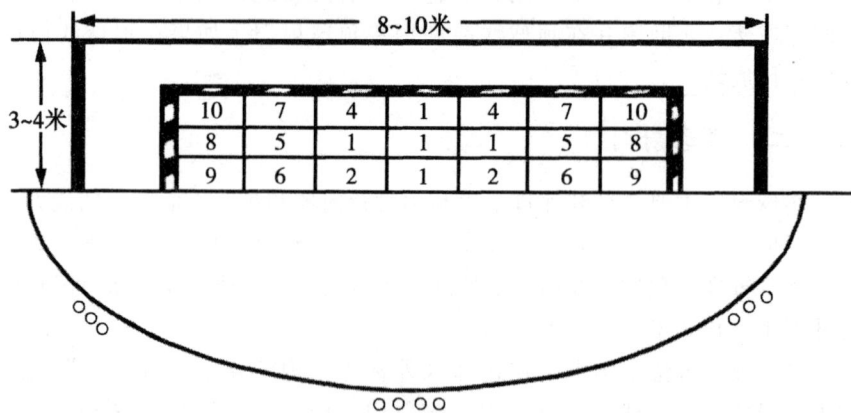

10	7	4	1	4	7	10
8	5	1	1	1	5	8
9	6	2	1	2	6	9

8~10米

3~4米

图 5-14

具体评价方法：在罚球弧线外侧放 4 个足球，罚球区两角弧线的外侧各放 3 个足球。学生左、右脚各踢 5 个球，记录 10 次踢球射中部位的总得分，再由教练根据踢球的质量（力量、脚法等）给予技术评定。

测试注意事项：学生站在正面观察射中部位报分，射中点正压在区分线上的球记录两部位的平均分。

五、守门员技术评价

在足球运动中，守门员是一方的最后一道防线。因此，在足球界中一直有"一个好的守门员顶半支球队"的说法。

守门员的重要作用在于在本队中只有守门员是可以通过双手控制足球的，而通过双手能够更有效地控制和获得球。为了能够使最后一道防守屏障发挥出最大的作用，就需要在足球教学中对守门员进行严格的教学与训练。因此，根据这一特点，就要将守门员技术的评价纳入校园足球教学与训练技术能力评价体系之中。

(一) 持球踢准

持球踢准主要用来评价守门员脚踢发球的准确性。

场地器材：如图 5-15 所示，选择一块标准的足球场地，在球场中圈里画一个直径为 5 米的圆，在两边线和中线相交的两角分别画出边长为 5 米和 8 米的两个正方形。

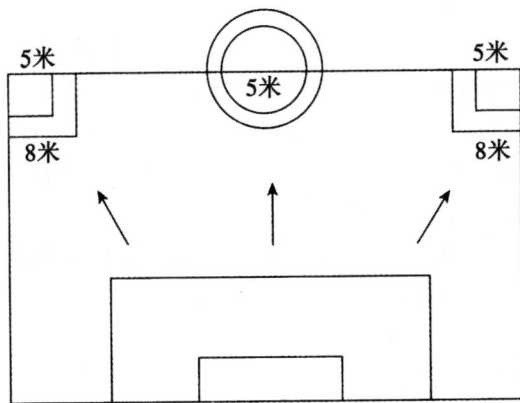

图 5-15

具体评价方法：守门员持球站在罚球区内，向中场方向的两个正方形区域内各踢 3 个球，向中圈内踢 4 个球。球落点在小方形及小圆内得 3 分；球落点在小方形外大方形内、小圆外大圆内得 2 分；球落点在场内得 1 分；球落点在场外得 0 分，记录守门员踢 10 个球的总得分。

测试注意事项：得分的判定是以球的落点为准，而不是以球落地后滚动停止的落点位置为准。

（二）防守定点射门

防守定点射门测试法主要用于测试和评价守门员连续防守定点射门的扑接球的技术能力。

场地器材：选择一个标准足球场。如图 5-16 所示，在罚球区内，以球门底线中点为圆心，以 16.5 米为半径画弧。

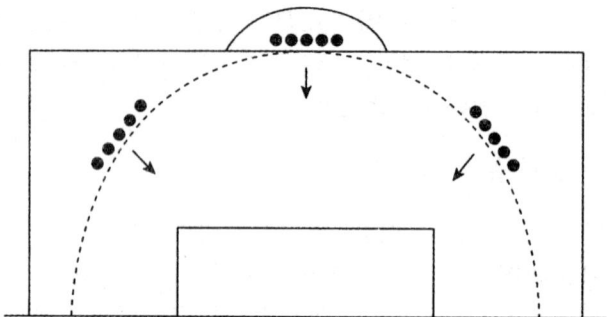

图 5-16

具体评价方法：在罚球弧内及小禁区 45°角外 5 米左右的位置各放 5 个球，射手根据计时员每隔 3 秒所发出的口令，依次用各种力量、角度、脚法射门。守门员接到球后从左右两侧将球抛出。记录并计算防守员防守的成功率。由教练对射手射门的平均质量作出优、良、中、差评定，分别对防守成功率乘以 1、0.9、0.8、0.7，计算守门员的得分，记录防守定点射门的成功率（取整数）。

测试注意事项：射手将球踢出界需补踢；如果守门员触碰到了出界的球则仍旧判定防守成功。

（三）扑定点球结合发球

考评守门员扑定点球、退守速度、手抛发球的准确性。

场地器材：如图 5-17 所示，在标准的足球场中，球门区内罚球区两角连线的延长线外 5 米处为圆心画直径为 2 米的两个圆；在球门区两角各放 4 个球；一块秒表。

具体评价方法：守门员从球门底线中点出发计时，先向右倒地扑右角球后起立，用于发往右方圆内。倒退或侧向跑回球门底线中点，再扑左角球起立，用手发往左方圆内，直至 8 个球发完返回球门底线中点时停表。每一个球落点发到圆外加计 1 秒，记录完成花费的总秒数。

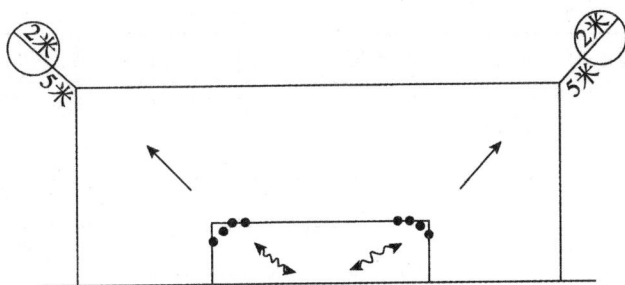

图 5-17

第三节　学生的自我评价

　　学生对教学内容的主动学习始终是学好的关键，也就是说学习理应是一种主动性和自觉性的行为。令人欣慰的是，足球运动以其独特的魅力和价值深学生们的喜爱，他们在课余时间也经常会参与足球运动。因此，对于校园足球教学与训练的评价来说，一定不能忽视学生的自我评价，因为学生本人才是最清楚自身学习情况的人，别人无论通过何种测试方法都不能完全准确的得出。因此，掌握正确的自我评价方法，并使之成为校园足球教学与训练评价体系中的一部分就显得格外重要。

　　对于学生的自我评价来说，主要应该从体适能、基本技术和技战术综合能力三方面进行评价，具体如下。

一、足球体适能的自我评价

　　对于足球体适能的自我评价，学生可根据自己日常活动和训练算出相应的活动指数，然后再根据总得分（强度×时间×次数）区分体适能的类别（表 5-1、表 5-2），如果指数总得分低于 40，学生应增加足球运动的训练时间、训练强度、训练次数。

表 5-1　足球运动活动指数表

指标	分值	日常活动
时间	4	超过 30 分钟
	3	20～30 分钟
	2	10～20 分钟
	1	低于 10 分钟

指标	分值	日常活动
强度	5	持续用力呼吸和出汗
	4	断续用力呼吸和出汗
	3	中度用力呼吸和出汗
	2	中等强度
	1	低强度
次数	5	每天或几乎每天都活动
	4	每周3～5次
	3	每周1～2次
	2	1月数次
	1	1月不超过1次

表 5-2　足球运动体适能类别对比表

总得分	评价	体适能类别
100	积极活动的生活方式	优秀
80～100	活动的和健康的	良好
60～80	活动的	好
40～60	较满意	一般
20～40	不很够	差
低于20	不活动	很差

二、足球基本技术的自我评价

足球运动基本技术是参与足球运动需要掌握的必不可少的技术，它是足球进阶技术的基础。拥有扎实的基本技术对学生理解和参与足球运动大有益处，因此，将此列入自我评价的内容中是很有必要的。

（一）颠球技术自我评价

1. 原地颠球

评价方法：学生连续进行颠球，球落地或手触球则颠球结束，以球碰触身体各部位次数的多少来评定成绩。

　　评价标准：做两次，取最好的一次成绩进行记录，得分参考表5-3。

表 5-3　原地颠球评价参考标准

次数	40	37	34	31	28	25	22	19	16	13	10	7	4
得分	100	95	90	85	80	75	70	65	60	55	50	45	40

　　2. 行进间颠球

　　评价方法：学生用头、肩、胸、大腿、脚等部位进行向前行进、连续颠球，根据行进间连续颠球的距离长短计算成绩，球落地或手触球视为一次颠球结束，核定距离以最后一次明显控制住球的触球为准。

　　评价标准：做两次，取最好的一次成绩进行记录，得分参考表5-4。

表 5-4　行进间颠球评价标准

距离（米）	40	38	36	34	32	30	28	36	34	22	20	18	16
得分	100	95	90	85	80	75	70	65	60	55	50	45	40

（二）运球技术自我评价

　　1. 运球绕杆射门

　　场地器材：一块足球场地；至少1.5米的标志杆或标准桶；一个足球。

　　评价方法：在足球场罚球区线中点两侧50厘米处各画一条垂线。场地上插六根标杆，在右侧垂线上距罚球区线2米处插一根标杆，在距左侧垂线2米处插一根标杆，在距右侧垂线2米处插一根标杆，在距起点12米处插一根标杆。标杆固定垂直插在地面上，插入深度不限，以学生碰竿不倒为宜。测试开始，学生从起点线开始运球，脚触球的一刻开表计时。运球逐个绕过竿后射门，球越过球门时停表

　　评价标准：做两次，取最好的一次成绩进行记录。运球漏竿或未射入球门内的视为成绩无效。射中球门横梁或立柱的可补测一次。

　　2. 接运球综合测试

　　场地器材：一块足球场地；一个足球。

　　评价方法：在球场上画两条相距5米的平行线，两条平行线的长度均在5米以上，规定一条线为起点线，测评开始，学生从起点线处抛球，

球的落点必须在另一条线外，然后快速跑向落点并按照规定动作（双脚脚内侧、双脚脚背外侧、双脚脚前掌各一次）接反弹球后转身将球带回起点线，然后再抛、再接、再带，共往返六次。以第一次抛球到最后一次带球抵达起点线的总时间和学生的接球动作技能来综合评定成绩。

评价标准：测两次，取最好的一次成绩进行记录，具体参考表5-5。

表5-5　停运结合评价标准

时间	38″	38″5	39″	39″5	40″	40″5	41″	41″5	42″	42″5	43″	43″5	44″
得分	100	95	90	85	80	75	70	65	60	55	50	45	40

（三）踢定位球技术自我评价

1. 定位球传准

场地器材：一块平整的场地；一根1.5米高、插有彩色小旗的标志杆；一个足球。

评价方法：以标志杆为圆心，以3米和6米为半径分别划两个同心圆。以插有彩旗的标志杆作为传准的目标。根据学生水平的高低，两个同心圆的半径可适当地缩小或扩大。以25米长为半径，以插有彩旗的标志杆为圆心向任何方向划一条25米的长弧作传球限制线。测评开始，学生将球放在限制线上，用脚背内侧向圈里传球。

评价标准：观察学生踢出的球的第一落点，根据不同的落点位置给予相应的不同的分值。

2. 定位球踢准

场地器材：一块平整的场地；一面足球墙；一个足球。

评价方法：场地在距"足球墙"下沿中心20米处画一条平行于"足球墙"下沿的3米长的限制线。测评开始，学生将球放在限制线上，向足球墙踢球。注意可以擦着地面射到墙上，但不能踢地滚球。

评价标准：教练员根据学生的踢准情况进行成绩评定。

三、足球技战术综合能力的自我评价

技战术综合能力水平是衡量足球运动参与者足球运动水平的重要指标。而在校园足球中，对于学生的技战术能力的教学与训练占据了大多数时间。从实践的角度来考虑，学生的技战术能力是最为核心的评价内容。因此，为了更加客观和准确地了解学生足球技战术能力，就需要对相关内容开展自我评价。

在日常的运动训练中，学生可以通过多种等级评价和级别认定的标准对自己的接球能力、传球能力、运球能力、射门能力、防守能力等进行系统地自我评价，其自评方法具体如下。

（一）接球能力自我评价

足球学生的接球能力的自我评价等级及级别认定参考表5-6。

表5-6　接球能力自我评价

等级	级别认定
优良	能按照接球技术动作的意识实施要求，在特定的比赛环境中正确理解运用接球超前性、战术性、风险性的配合要求，能巧妙地运用接球与传球的传接球技术动作，出色完成传接球配合，形成有默契的进攻性接球或按技术动作要领顺势过人形成进攻前奏场景的接球
合格	能够按照一般的接球技术动作要求处理来球，接球同时，注意目标，有传球的意识，在对手逼迫的情况下也能完成接球动作，不失误
差	不能稳定地、稳妥地按动作技术要领接球，对来球判断失误、接球技术动作运用有误，导致失去控球权或让对方形成有威胁的进攻

（二）传球能力自我评价

足球学生的传球能力的自我评价等级及级别认定参考表5-7。

表5-7　传球能力自我评价

等级	级别认定
优良	传球脚法基本正确，在特定的比赛场景中传球时机、地域选择合理，动作规范，符合传球技术意识要领，队员接球顺利且默契，传球落点到位，有直接或间接的进攻威胁性
合格	传球技术动作基本正确，传球技术运用基本合理，有一定的对时空控制及相互配合的意识，能完成一般性的进攻推进或经传球后使本方的处境获得改善
差	技术动作出现变形，不符合传球技术意识，传球脚法、时机选择不当，并造成准确性极差的传球，出现被对方截断给本队造成威胁的传球

（三）运球能力自我评价

足球学生的运球能力的自我评价等级及级别认定参考表5-8。

表5-8　运球能力自我评价

等级	级别认定
优良	技术动作运用正确，有自己的动作特点，运球目标明确，战术意识强，时机掌握适当，能充分利用运球技术优势发起个人突袭性进攻，展现个人才华，能直接构成有威胁的进攻性运球
合格	能摆脱紧逼防守或在中前场摆脱防守干扰，为寻找合适的传球、射门机会而主动或被动发起运球。在运球的过程中获得较好进攻机会与效果的可记入优良，如果主动运球造成严重失误记入下一等级
差	学生运球心态不正，爱表现，目的性不明确，战术意识差，运球时机选择有误，浪费有利运球时机或酿成险情，造成严重后果

（四）射门能力自我评价

足球学生的射门能力的自我评价等级及级别认定参考表5-9。

表5-9　射门能力自我评价

等级	级别认定
优良	能主动创造出或把握住赛场上的射门时机，射门技术动作基本合理正确，行动果断。凡各种射门包括抢点、凌空射门、铲射、补射、抢点头顶球，无论是否进球，都应该算。其他如符合战术意识，跑到位的有感觉的射门，也应该算
合格	能在一般情况下运用标准的常规性技术动作进行射门，在射门时能够做到一气呵成，能做出较为合理的各种射门动作，如顺势拨球起脚射门，跳起头球射门，能完成有质量的远距离射门
差	在封堵严密、射门死角、距离过长等情况下勉强射门，或者错过良好的射门时机等，射门时技术动作不合理，造成出球无力和射门射飞

（五）防守能力自我评价

足球学生的防守能力自我评价等级及级别认定参考表5-10。

表 5-10　防守能力自我评价

等级	级别认定
优良	具有良好的防守意识，根据场上的需要，进行超前意识的抢位、占位、补位，在丢球后，能快速地、及时地明白自己所处的位置，延缓对方进攻或增强本队的防线，力争扼制对方的快速反击，在技术动作上能合理运用紧逼、堵截、抢断等技术，任何破坏对方进攻的行为都应视为成功的防守
合格	防守的跑位正确，有一定的防守意识，能做到合理的抢位、占位、补位，能通过场上正确的防守技术动作进行紧逼、堵截、抢断，延缓对方进攻速度，没有影响全局的防守失误
差	没有防守意识，反应迟钝，抢位和占位不及时，或抢位时发生与防守队员"重叠"现象，或在回撤时发生方向路线判断失误等，造成被对手抓住战机，利用出现的防守空隙，进行有效的、有威胁性的进攻

第六章　校园足球运动的竞赛体系研究

在体育运动中，体育竞赛对于运动项目的发展和普及有着非常重要的作用，对于校园足球运动来说，同样如此。建立相应的竞赛体系，才能更好地促进足球运动在校园中更好地开展。本章就校园足球运动的竞赛体系进行研究。

第一节　校园足球竞赛体系的相关理论

一、系统理论

从系统论的观点来看，任何一种事物都是以系统的方式存在于世界之中的，校园足球竞赛体系也是如此。因此，我们研究校园足球竞赛时，可以将其作为一个系统来进行研究，对校园竞赛体系的发展和完善是一项重要的系统工程。

（一）系统论的内涵

作为对现代系统展开研究的开创者，贝塔朗菲认为任何一个具体的系统都应包含以下几个条件。

（1）系统都是由两个或两个以上的要素所组成的，而要素作为构成系统的必要元素，也是构成系统的基本单位。系统中的各个要素都与系统始终保持着非常紧密的对应关系。

（2）系统中的各个要素之间、要素与整体之间，以及整体与环境之间都是相互作用、相互影响的。

（3）作为一个整体来说，系统所具备的功能都是确定的。这种功能是指系统在与外界环境相互作用和相互影响中的条理和能力。

以上三个条件，是任何一个系统所必须具备的，缺一不可。否则，就不能构成一个完整的、具体的系统。

从系统科学理论来看，系统与各个构成要素存在着以下几种关系。

（1）系统是由各个要素所构成的，对各个要素有着依赖性。

（2）与各个构成要素相比，系统具有一定的独立性。

（3）要素受到系统的支配，并且系统可以限制或破坏要素的独立性。

（4）系统作用于要素的同时，要素也会对系统产生反作用。

此外，系统还具有一定的属性，具体如下。

（1）整体性：系统是由各个要素构成的整体，因此，整体性是系统的主要特性之一。在对系统思想进行阐述时，贝塔朗菲认为：系统论是在科学的基础上探索整体和完整性的。这是所说的整体主要包含两个方面的含义：一是，组成系统的各个要素是不能分割的，如果将系统内部的各个部分割开，系统也会随之消失；二是，系统内部各个部分有着一定的关联性，也就是说，系统内部任何一个要素发生变化，都会使其他的要素产生相应的变化。

（2）综合性：系统是由不同性质的要素和层次结构所组成的统一整体。

（3）层次性：通过按照某种特定的构成关系，系统内部的各个构成要素所形成的各个子系统及其相互关系。

（4）结构性：在系统中，各个层次、各个构成要素之间都是相互联系、相互作用的，它们总体的表现方式便是系统结构。

（5）环境关联性：每一个系统都是存在于一定的环境之中的，而脱离环境的系统是不可能独立存在的。

（6）功能性：主要体现在与外界环境相互作用、相互影响的过程中，系统整体对外界环境所产生的作用或影响。系统内部的结构和外界环境的状况都会对系统功能的发挥产生一定的制约作用。如果没有系统结构和环境，系统也就不具备任何作用，任何一个功能都无法得到发挥。

（二）系统的基本特性

（1）整体涌现性：又称为"突现性"，它是指只有整体才能够具备的特性。此外，对于一个系统来说，如果其自身的结构方式不同，所产生的整体涌现性也是截然不同的。组分的属性也会对系统的这一特性有着一定的决定作用，也就是说，并不是任意搭配、组合一组元素就能够产生某种整体涌现性，如再高明的足球教练，也不可能任意挑选 11 名队员，就能够训练出一支世界一流的足球队。只有在一定的组分属性基础之上，才能够产生一定的整体性。

（2）整体稳定性：是指由于受到外界环境的干扰，整个系统具有倾向于保持某一稳定状态的特性。对于一个特定的环境来说，如果在某些因素的作用下或者环境发生了某些变化，整个系统仍然能够保持或恢复其自身的某一个状态，并保持这一状态能够持续地得以呈现。

（3）局部变异性：由于内部故障或者受到来自外部因素的干扰，系统自身所具有的特性仍然会发生某些局部性的变化，如结构发生局部性的改变、局部功能丧失，以及系统组成要素或部分发生局部性更替等。这种系统的局部变异性与其整体稳定性是一对相对立的概念。当系统局部变异积累到一定程度，即达到所谓的临界点时，其整体稳定性就会遭到破坏，这也会使原有的系统遭到瓦解。

（三）系统论对校园足球竞赛体系的启示

在对校园足球竞赛体系进行研究时，如果将其作为一个系统，那么这个竞赛系统就是由一定的要素组成的，并具备了一定的层次和结构，同时通过与外界环境相互关联而产生了一定功能的整体；这个竞赛系统所具有的整体功能要远远大于系统内部各个构成要素或各个组成部分的功能之和；但这个竞赛系统所具有的整体稳定性与实践需要不相适应时，可以通过改善系统内部的局部要素，来促使这个竞赛系统由量变转变为质变，从而建立起与人们期望相符合的系统。

二、运动竞赛学理论

（一）运动竞赛学的内涵

作为体育科学中的一个分支学科，运动竞赛学是将运动竞赛的组织与实施作为研究对象，以体育竞技学、体育经济学、体育法学、运筹学、计算机科学等学科的基本理论为基础，通过对运动竞赛的组织与筹划、实施方法，竞赛规程与规则、竞赛裁判队伍的管理手段等内容进行研究，揭示运动竞赛活动组织与实施过程客观规律的一门综合性学科。

运动竞赛学研究如何筹备、策划、组织和实施运动竞赛活动，以及影响运动竞赛筹划、组织与实施的参加者及软件与外部环境及硬件等因素。其中，运动场地、器材、设施等属于外部环境及硬件；而运动竞赛的组织者、实施者、筹划者、运动员，以及运动竞赛工作软件等属于参与者及软件。结合运动竞赛的规律、特点与竞赛目的，来研究科学、合理地筹划、组织和实施运动竞赛方案，可以最大程度地提高工作的效率。

与运动竞赛相关的各个方面，如运动竞赛的竞赛制度、竞赛体制、竞赛之间的关系以及竞赛环境等，都是运动竞赛学最为基本的研究范畴。运动竞赛学相关理论的科学构建，必须要对运动竞赛学的基本研究范畴和运动竞赛过程的基本矛盾有一个正确的认识。

（二）对运动竞赛学研究范畴的基本认识

（1）运动竞赛体制：是保障运动竞赛顺利开展的各种竞赛法律、法规和竞赛制度的总称。通过将各种运行机制以及竞赛领域中的各种资源进行高效的流动，运动竞赛体制可以为完善运动竞赛体系结构，实现其功能提供重要保障。运动竞赛体制是在运动竞赛活动中行使策划、安排、约束等管理职能的前提和基础。

（2）运动竞赛制度：是以运动竞赛活动为基础而形成的规范体系的总称。根据起源与功能，竞赛制度可分为原生性的竞赛制度和派生的竞赛制度两种。每一种竞赛制度体系都是在特定的运动竞赛中逐渐产生、发展和完善的，而原生性的竞赛制度是运动竞赛的结构体系。从运动竞赛结构体系中派生出来就是派生性的竞赛制度，如运动竞赛规则、裁判员等级制度、运动员等级制度等。从狭义的角度来看，原生性的竞赛制度就是制度化的运动竞赛。从目前来看，原生性的竞赛制度主要分为两大类，即（等级）联赛制度和赛会制度。（等级）联赛制度在大多数球类项目中有着广泛的应用，通常采用升降级制度和积分排名；赛会制度主要包括单项运动竞赛制度和综合性运动竞赛制度两种。派生的竞赛制度是指由原生性竞赛制度所派生出来的各个具体的规章制度的总称。

（3）运动竞赛间关系：竞赛间的衔接和竞赛间的冲突是运动竞赛间的两种关系。竞赛间的衔接与竞赛间的冲突这两种关系是同时发生的，而不是独立存在的，它们存在于整个竞赛体系，以及所涉及的全部领域之中。只有根据竞技水平的分布规律，才能实现竞赛间的有效衔接。而纵向上的联系是这种竞赛间衔接关系的主要表现。按照竞技水平从低到高的递进关系，在整个竞赛体系之中，不同的竞赛分别处于不同的层次，并且各个竞赛之间相互衔接。只有在水平和垂直方向上使运动竞赛体制得到最大程度地优化整合和分化，才能建立起结构严谨、紧密衔接的科学化的竞赛体系。竞技者的竞技水平和层次不同，所参加的竞赛也不同，参加与竞技者水平对应的竞赛，才能够更好地满足竞技者的竞赛需要。在现代竞赛中，竞赛组织经常采用的竞赛制度是按照年龄和运动水平进行分级的，这一竞赛制度的确立既能表明对竞技水平分布规律的认识是正确的，同时也能够对竞赛公平原则进行维护。

（4）运动竞赛环境：所谓的运动竞赛环境是指在运动竞赛过程中，与竞赛者有关的周围事物。根据运动竞赛的具体需要，运动竞赛环境可以分为微观、中观和宏观环境。由于运动竞赛项目不同，其对所需要的竞赛场地的要求也是不同的。而这种要求主要反映在时间与空间的规定、器材设施规定、竞赛赛场人员规定等方面。微观环境是指运动竞赛的赛场环境；中观环境是指与比赛有着直接关联的周边环境，包括举办地的自然环境、安全保卫、食宿条件、交通服务设施、医疗卫生服务、人文氛围、高科技服务等，这种中观环境也称为比赛赛区环境；宏观环境是指所举办的整个的运动竞赛活动所置于的大背景，包括社会、人文、经济环境和体育环境，这种宏观环境也称为赛事环境。

（5）运动竞赛价值：参与者在运动过程中，通过充分利用体力和智力，采取竞争或对抗的方式，在较量的过程中进行优选，从而实现"选优"的社会活动。人们通过参加运动竞赛，能够充分地认识自己所具有的身体能力，并且能够很好地满足自身争胜的心理需求。通过运动竞赛，能够很好地将人们友好地交往与联系到一块，同时也能够对人们的社会生活进行很好地丰富。客体在运动竞赛中，为了能够满足主体的需要而产生的某种效应，即运动竞赛所具有的价值。

（三）运动竞赛学对校园足球运动竞赛体系的启示

从运动竞赛学角度来看，校园足球运动竞赛体系是运动竞赛学科领域中一个具体项目的研究范畴。因此，应该在正确认识校园足球运动竞赛的基本范畴和基本矛盾的基础上，根据校园足球运动竞赛的目的、特点和规律，来科学地构建校园足球竞赛体系理论。

第二节　我国校园足球竞赛开展的现状及问题分析

一、我国校园足球竞赛开展的现状

（一）我国校园足球活动开展的总体情况

（1）开展校园足球活动的指导思想、功能定位及开展条件与要求。

①指导思想：我国校园足球活动开展是以增强学生体质，增进学生身心健康，培养学生团结协作、拼搏进取的良好品质和体育精神作为宗旨，通过对小学、初中、高中、大学四级足球联赛进行建立和完善，使足球运动在校园中得到广泛开展，向学生普及足球运动的基础知识和基本技能，大力发展校园足球文化，从而培养出特长突出、全面发展的新型的足球后备人才。

②功能定位：向学生普及足球运动的基础知识和基本技能，提高我国足球人口的数量和质量，并发掘和培养具有优秀足球运动天赋的苗子，为我国足球运动水平的提高输送具有发展潜力的优秀足球后备人才。

③校园足球活动开展的条件和要求：学校要想开展足球活动必须具备三个条件，同时还要注意五点要求。三个条件：A. 足球运动是学校的传统运动项目；B. 学校具有较好的足球运动硬件和软件条件；C. 学校具有较好的足球活动基础。五点要求：A. 学校的足球工作由主管校长全面负责推进，同时还要成立相应的管理机构对学校足球工作的开展情况进行督促和落实；B. 对开展校园足球活动所必需的场地设施条件进行完善；C. 对于学校中负责足球训练的教师或教练进行岗位培训；D. 增加足球教学在学校体育课中所占的时数比例，要保证学生每周能够有至少 2 个小时的时间参与足球活动，并保证全校有一半以上的学生参加足球活动；E. 学校要组织一些足球比赛，如班级或年级间的足球比赛。

（2）政策支持：自从 2009 年由国家体育总局和教育部联合启动校园足球活动以来，尤其是 2015 年颁发《中国足球改革总体方案》以来，足球运动在学校得到了更为广泛的开展。在开展校园足球活动的过程中，全国校足办颁发了《全国青少年校园足球比赛活动情况说明》《全国青少年校园足球联赛纪律规范》《全国青少年校园足球联赛规程》《全国青少年校园足球联赛注册管理规定》等相关文件，此外，针对校园足球活动，各个省、市校园足球布局城市也制定并出台了一系列的规划、方案和政策等，从而为校园足球活动的顺利开展提供保障。

（3）经费投入：目前，开展校园足球活动所需的经费大都是由全国校足办进行统一拨发的。在一些开展相对较好的省、市体育、教育部门，能够按照 1：1 的比例给予配套，而对于大多数的省、市体育、教育部门来说，这项配套资金并没有落实到位。相关资料表明，在这些校园足球布局城市中，每年开展校园足球活动所需要的经费平均约为 71.8 万元；全国校足协下拨 38 万元；当地教育部配套 3 万元；体育部门配套 30.8 万元。在这些校园足球布局城市中，大部分的定点学校由学校进行经费投入的部分所占比例较小，这些学校开展校园足球活动所需要的经费主要是由当地校足办下拨的。

（4）场地情况：从目前来看，人工草皮场地和土场地是学校开展足球活动的主要场地类型，一些具有较好经济条件的学校可能会拥有天然的草皮场地，但数量十分有限。根据相关研究资料可知，在校园足球布局的城市中，校园足球活动场地共有 1082 块，其中，人工草皮场地有 514 块，占总场地的 47.5%；土场地有 336 块，占总场地的 31.1%；天然草皮场地有 80 块，占总场地的 7.4%；其他类型的地面场地有 152 块，占总场地的 14%。

（5）师资队伍：从目前校园足球活动的师资队伍来看，校园足球活动的组织与开展主要由学校体育教师负责。这些体育教师主要来自于体育院校的足球专项或非足球专项毕业生。据相关统计，全国校足办曾培训校长、体育教师和管理人员 11000 人次，其中，校园足球指导员，即体育教师，为 4400 人。根据有关对校园足球布局城市定点学校中的体育教师或教练员的相关调查可知：在这些体育教师或教练员中，体育院校足球专项毕业生有 511 名，占总人数的 34.4%；体育院校非足球专项毕业生有 720 名，占总人数的 48.4%；足球退役运动员有 106 名，占总人数的 7.1%；其他为 150 名，占总人数的 10.1%。通过进一步调查，在这些教练员中，有 1252 人具有足球教练员等级证书，其中，有 0 人具有职业级证书；有 10 人具有 A 级证书，占总数的 0.79%；有 49 人具有 B 级证书，占总数的 3.91%；有 219 人具有 C 级证书，占总数的 17.5%；有 293 人具有 D 级证书，占总数的 23.4%；其余 681 人不具备相应的等级证书，占总数的 54.4%。从以上数据来看，具有较高等级资格的教练员很少，职业级水平的教练员非常匮乏，甚至有一半以上的教练员没有等级证书。另外，女子教练员在教练员中占有较小比例，为 80 人。

（二）我国校园足球校内竞赛的开展现状

（1）竞赛总体情况：针对《全国青少年校园足球活动实施方案》中所提出的"要将足球教学在整个学校体育课中所占的比例加大，同时要保证在校学生每周能够有至少 2 个小时参与足球活动，并使全校从事足球活动的学生数量达到学生总数的一半以上"要求，对 47 个校园足球布局城市的 2700 多所学校进行了相关调查研究，结果表明：能够达到以上要求的学校仅占 10%，其余 90% 的学校都没有能够达到以上要求；而且，能够组织校内年级间或班级间校园足球比赛的学校，仅仅只有 10%。从这些能够组织开展校内足球比赛的学校来看，较高的足球普及程度和具有良好的足球运动基础是其开展校内足球比赛的主要原因。也就是说，如果学校具有多年的足球项目传统和特色，那么在这些足球项目传统学校或良好足球运动基础的学校中，会组织和开展更好的校内足球比赛。对于其他的学校来说，并不能较好地组织和开展校内足球比赛活动，而仅仅是成立一支学校足球代表队，这些学校所参加的比赛也只是一些校园足球校际联赛，没有加大足球教学课在体育课教学内容中所占的比例，也没有为在校学生每周至少 2 小时的足球活动提供保证，更没有达到全校有一半以上参与校内足球运动的要求。

（2）竞赛组织形式：相关调查研究表明，校园足球校内竞赛的组织主要是采用学校或体育组统一组织的形式，很少采用由学生自发进行组织或俱乐部组织形式。在组织校园足球比赛时，学校是以学校或体育组进行统一组织为主，在这种统一安排的形式下，学校在固定的时间段内进行组织校内足球比赛。大多数这样的校内足球比赛，其命名方式主要是以"校长杯"为主，在分组方面，往往按照年级进行。这样的分组形式，在具体操作过程中，通常情况下，小学阶段分为三个组别，即一二年级为一组、三四年级为一组、五六年级为一组，比赛方式采用单循环来决出比赛名次；初中和高中是每一个年级为一组，而各个年级，以班为单位，通过采用单循环的方式来决出各年级第一名，最后再将各个年级的第一名通过进行最后的决赛来决定最终的名次。

（3）竞赛项目设置：校园足球比赛，在进行比赛项目的设置时，主要设置5人制比赛、7人制比赛，以及足球单项技术比赛（或者基本功挑战赛）三种形式。其中，足球单项技术比赛（或者足球基本功挑战赛）主要包括踢准、颠球、运球绕杆、射门等。

（4）竞赛裁判：在校园足球比赛的组织与开展中，其比赛的裁判工作主要由学校体育教师和高年级学生来承担。在小学校园足球比赛中，学校体育教师担任比赛裁判；在初中和高中的校园足球比赛的预赛阶段，可以由高年级的学生来负责裁判工作，而在决赛阶段，要由学校的体育教师来担任裁判。

（三）我国校园足球校际竞赛的开展现状

（1）竞赛组织机构：目前，全国校园足球领导小组（下设小组）、地方校园足球领导小组（下设办公室）和校园足球联赛组委会三级共同构成了校园足球活动校际竞赛组织的领导机构（图6-1）。在全国校园足球领导小组中，小组成员主要是由国家体育总局和教育部的相关领导和人员共同组成。其主要职责是：①对全国校园足球工作的稳步推进进行统一部署，并对校园足球的各专项行动进行指导和协调；②对各个校园足球布局城市的校园足球工作的进展情况进行定期检查，并将全国校园足球的重大事项向国家体育总局和教育部进行报告。全国校园足球领导小组下设办公室，其成员主要是由国家体育总局青少司、足球项目管理中心青社部和教育部体卫艺司体育处的相关领导组成的，主要负责开展全国校园足球活动的日常工作，其办公室设在中国足球项目管理中心青社部。而地方校园足球领导小组主要是由地方教育局和体育局的相关领导共同组成的，其主要职责是：①对当地各个定点学校的校园足球工作的稳步推进进行统一领导和部署；②对当地各个定点学校校园足球工作的进展情况进行定期检查，并将本地区校园足球工作的开展情况向全国校园足球领导办公室进行报告。地方校园足球领导小组下设办公室，对本地区的足球活动工作的日常开展进行专门负责，一般情况下，办公室设在当地的足球项目管理中心。校园足球联赛组委会主要是对校园足球校际足球竞赛工作的组织与开展进行专门负责。

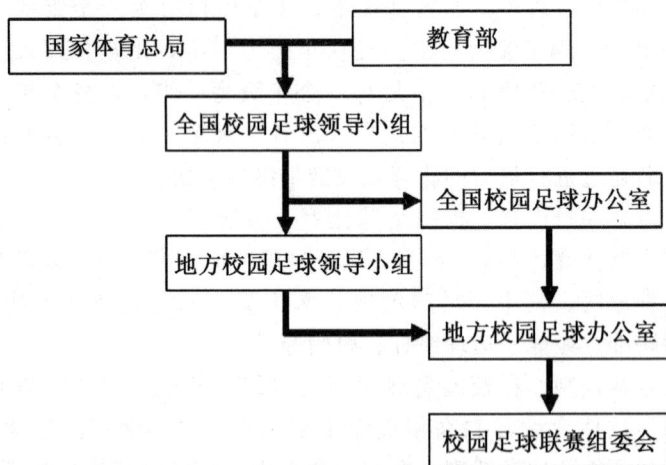

图 6-1

（2）竞赛基本规模：调查研究表明，在校园足球活动布局城市的各个定点学校中，都至少有 1 支足球队伍参加校园足球联赛。有研究资料表明，在所研究的 33 个校园足球布局城市定点学校中，参加校园足球联赛的队伍共有 1784 支，其中，小学组有 1202 支，分别为男队 1137 支和女队 65 支，而个别的学校中有男女混合的队伍。另外，这 33 个校园足球布局城市共举办了 13226 场比赛，其中小学组有 9781 场，初中组有 3445 场；从预赛到决赛，小学组的比赛场次为 15 场，初中组的比赛场次为 13 场。

（3）竞赛组别：从目前来看，小学和初中是开展校园足球活动的两个主要的阶段，而高中和大学阶段开展校园足球活动相对较少。学校代表队是参加校园足球校际联赛的主要组织形式，并以此为单位参加区级和市级的校园足球春秋季联赛。在进行分组时，要结合本地区的实际情况采用年级分组和性别分组两种分组形式。按年级分组，就小学组来说，可以将五六年级分为甲组，三四年级分为乙组，也可以将男女混合进行组队参加比赛；初中就一个组，参与的学生主要是初一和初二年级的。

按性别分组，小学组和初中组可以分为小学男组、小学女组、中学男组、中学女组。在赛制方面，小组赛阶段主要采用主客场循环赛制，在决赛阶段采取交叉淘汰赛制。小学组的比赛主要采用五5人制比赛形式，比赛分为上下两个半场，每个半场为15~25分钟，中场休息5~10分钟；初中组比赛主要采用7人制的比赛形式。比赛分为上下两个半场，每个半场为20~30分钟，中间休息5~10分钟。比赛用球为5号球，比赛日期定于每年的9月到第二年的6月份，在每场比赛中每队的替换人数，5人制比赛没有限制，可以在比赛中重复进行替换；在7人制比赛中替换人数不能超过3~5人。

（4）竞赛裁判：在校园足球联赛中，裁判员是由区级或市级联赛委员会选派的或由校园足球活动布局城市教体局进行抽调的。有研究表明，小学组比赛的裁判员主要是由各个学校的体育教师来担任的，而初中组比赛的裁判员是由高校足球专项教师或学生来担任的。对于各个区级、市级、县级校园足球联赛的裁判经费开支与标准，均由各个区级、市级、县级校园足球联赛委员会参照相关的标准进行制定。

（5）竞赛评估情况：2009年12月12日，全国青少年校园足球联赛调研评估工作会议在武汉顺利召开，会议制定了《联赛评估表》，这为校园足球联赛有序、健康的开展提供了重要保证。在每年校园足球联赛开展的过程中，评估检查人员都会采用实地考察和访谈的形式对联赛进行评估。地方校足办根据各个校园足球活动布局城市所上报的秩序册赛程，对各个布局城市进行1~2次的检查评估，将检查结果填写到《全国青少年校园足球联赛评估检查表》上，并将表上报给全国校园足球办公室。每年年终，根据评估检查、联赛总结等内容，全国校园足球办公室评选出全国校园足球联赛优秀单位，并对其进行一定的奖励，如奖励一定的经费或训练装备等，以达到鼓励先进，更好地开展校园足球活动的目的。

二、我国校园足球竞赛存在的主要问题分析

（一）缺少统一的竞赛目标

在全国中小学和大学中广泛开展校园足球活动，向学生普及足球运动的基础知识和基本的运动技能，丰富校园足球文化，进而创造出依托于学校的、体教结合的足球发展模式，从而培养出全面发展的、具有突出足球特长的新型后备人才，这是校园足球活动的指导思想。根据这一指导思想，校园足球活动竞赛的目标就是让更多的学生参与足球竞赛，

并在校园中广泛地推广和普及足球运动，培养学生对足球运动的学习兴趣，提高学生的身体素质，从而扩大我国的足球人口数量，培养优秀的足球后备人才。普及是校园足球活动的重点，但是，由于大多数校园足球定点学校的领导没有对校园足球活动有一个全面、正确的认识，这就使得在校园足球活动组织与开展方面，只是建立起一支球队，参加校际的比赛。广大在校学生是校园足球活动的主体，学校并没有真正地组织开展由广大在校学生参与的校园足球活动，这也就使得"每周保证学生至少 2 小时的足球活动时间，全校参与足球活动的学生达到一半以上，加大体育课中足球教学内容所占的比例"的规定形同虚设，究其原因，主要是因为学校的宣传力度不够，并没有建立和营造出良好的校园足球文化氛围，没有使学生对足球运动的学习和参与兴趣与积极性得到充分的调动，没有建设起具有浓厚足球特色的"校本课程"，没有对多种形式的校内足球活动和竞赛进行组织与开展等。由于在认识方面所产生的种种误区，在思想上没有足够地重视开展校园足球竞赛，这就对顺利开展校园足球竞赛活动造成影响。

（二）缺乏合理的组织结构

从管理学、社会学和政治学的角度来看，每一个具有逻辑性的管理体制，在利益、权利与责任方面都是一致的。目前，校园足球竞赛活动都是在校园足球布局城市各个定点学校中进行组织与开展的，各个学校中的学生是校园足球竞赛活动的主体，从这一层面来看，整个活动的主要管理者便是教育部门，这一部门承担着校园足球竞赛活动中大部分的利益、权利、责任，而体育部门也只能处于从属的地位。

事实上，在具体操作过程中，虽然教育部门是主要管理者，但它并没有表现出非常明显的主导地位，这也就在管理体制中形成了"不对应""不顺畅"的现象，这些现象都对校园足球竞赛活动的健康发展产生了不良影响。教育部门在足球专业技术资源方面往往比较缺乏，而在体育部门或足球协会管理下的校园足球活动的定点学校的领导、教师和学生又不对口，这也导致管理约束力匮乏。从当前来看，全国校足办将校园足球联赛的指令和文件向地方校足办进行下发，然后，再由地方校足办向各个校园足球定点学校进行转发，同时中国足球协会代为签章。由于中国足球协会并不属于教育主管部门，它是一个非官方形式的组织，对于各个定点学校的管理和约束十分有限，这就造成了很多关于校园足球联赛的政策、指令无法落实到位，无法得到真正的贯彻执行。

（三）缺乏完善的赛事系统

校园足球比赛在各个定点学校中得到陆续开展，但是各个定点学校有着不同的足球开展基础，不同的场地设施条件，造成各个学校的参赛球队水平存在很大的差异，比分也较大，这就严重减弱了校园足球比赛的价值和效果，甚至会产生较为严重的负面作用。这对于那些有着较好的足球运动基础和足球传统的学校来说，没有起到良好的锻炼队伍，对校园足球活动开展效果进行检验的作用；而对于那些没有足球运动基础和足球传统的学校来说，其参与的积极性也会受到很大影响。由于校园足球活动布局城市的个体差异较大，而校际联赛通常是在所在区进行分组的，在校园足球定点学校相对较为集中的布局城市进行分组，采用主客场的形式进行比赛较为方便，而对于那些校园足球定点学校相对较为分散的布局城市进行分组比赛，采用主客场的比赛形式较为困难，一方面，可能需要花费较高的交通费用，另一方面，也存在着较大的安全隐患。目前，校园足球以市为单位的联赛已经形成一定的规模，但较为单一，缺乏纵向深度，并没有建立起小学、初中、高中和大学的四级联赛体系，此外，各个地区的"市长杯""区长杯""校长杯""院长杯"等系列比赛尚不完善，需要建立、健全各级、各类的全国赛、大区赛，各种类型互补的杯赛、国际邀请赛、出国交流赛等，在设置竞赛体系时没有对其普及与提高的关系进行充分考虑，没有健全的与竞赛体系相适应的监督、管理和检查机制。

（四）规章制度不够健全

就校园足球竞赛活动的开展来看，全国校足办缺乏足够的监督和检查力度。虽然全国校足办在每年校园足球联赛期间，都会委派专门的评估人员对联赛进行检查与评估，但所针对的对象主要是校园足球校际联赛，各个地方的校足办没有制定出相应的检查与监督制度对各个定点学校的校内足球竞赛活动进行管理与监督，在校园足球校际联赛开展情况方面，对于一些开展相对较好的学校，全国校足办会有一些相应的奖励措施，但对于开展情况不好的学校，并没有制定出相应的惩治制度，这也就造成了一些学校在开展校园足球联赛方面存在弄虚作假的现象。一些学校每年只是象征性地编写一份组织与开展校园足球联赛的秩序册交到全国校足办，但实际上并没有真正地进行组织与开展。没有严格地对参加校园足球联赛的学生年龄、参赛资格等进行审查，没有设置较为严谨的组别，致使比赛中存在以大打小、冒名顶替的现象，这就造成联赛中存在着种种不公平现象；没有完善、系统的学生注册体系，造成一些没有注册的学生也参加校园足球联赛，从而导致校园足球联赛较为混乱；没有针对参与校园足球联赛的工作人员，如指导员、运动员、管理人员、裁判员、工作人员等，制定出有效的激励机制，这造成了联赛管理规范程度较低、赛场组织不够严谨、工作积极性不高、工作效率不高、比赛观赏性较低等。

第三节　我国校园足球竞赛体系的构建

一、我国校园足球竞赛体系的培养目标

社会中的每一个系统都是由一个人群所组成的有机组合体，都是为了得到一定的目的而存在的。只有制定一个清晰的目标，在认识上达成统一，才能明确工作的方向，才能避免或减少走弯路。我国校园足球竞赛体系作为其中的一个组织系统，同样如此。

首先要对我国校园足球活动竞赛体系的总体目标有一个充分明确的认识。其目标是在校园足球活动中，通过将具有趣味性、娱乐性、健身性，具有丰富多彩的形式和内容的校内外竞赛活动在校内广泛的开展，以使参与比赛的学生都能够从中体会到足球运动的乐趣，向广大学生普及足球运动的基础知识和基本技能，从而实现增强学生体质，培养足球特长突出、全面发展的新型足球后备人才的目的。这个总体目标体现了普及足球基础知识和基本技能，突出教育特色，实现育人目的的校园足球活动开展的宗旨。要对我国校园足球竞赛体系中的校际比赛和校内比赛各个层次的具体发展目标以及与总体目标之间的关系有一个充分明确的认识。各个层次的具体目标都是相互衔接、逐步完成的，这样才能为最终实现总体目标提供保证。每一个布局城市的校园足球竞赛管理机构都要采取有效的监督和措施来应对各个层次具体发展目标的实施情况，同时还要与本地区的实际情况相结合，及时调整和修正实施的效果，从而制定出科学、切实可行的各个层次的具体发展目标，最终实现总体目标。

二、我国校园足球竞赛体系的组织结构

各个校园足球布局城市所在省、市都已将推动校园足球活动作为重点，建立并不断完善以教育部门为主，体育部分为辅，以各级各类校园足球活动定点学校为依托，各级政府部门为主导的，使社会各界都广泛

参与的校园足球管理体制和运行机制。同时，还要成立由负责体育与教育工作的政府部门主管领导，以及分管教育部门和体育部门中体育工作的主要领导共同组成的校园足球领导小组，从而更好地促进我国校园足球活动向着更加繁荣的方向发展，并且还要培养出一大批全面发展、身体健康、具有突出足球特长的新型后备人才（图6-2）。

各个省、市校园足球布局城市的校园足球领导小组，要下设由教育部门和体育部门分管校园体育工作的主要领导、本地区的小学、中学、大学的分管体育工作的校长等学校代表组成的校园足球活动领导办公室，主要负责组织、管理、协调和评估本地区与校园足球活动相关的工作。此外，还要建立校园足球联赛管理机构，全面负责校园足球竞赛活动的组织与管理、竞赛制度的贯彻与落实、竞赛计划的制定与安排、竞赛活动的开展与保障等工作。另外，还要委派专人对本地区各个校园足球定点学校的校内校际足球联赛的开展情况进行检查和监督。这个联赛管理机构中的各个工作人员都要对其职责有一个明确的认识，对管理制度进行不断完善，从而为有序地开展校园足球活动提供组织和制度保障。

在每个校园足球活动定点学校都要成立相应的校园足球领导办公室和校园足球联赛管理机构，其成员主要有学校校长、指导员和班主任等组成，并且要委派专人来普及和推动校园足球，并制定相应的校内和校际足球竞赛活动计划，安排好竞赛日程，同时还要协调与管理好学生的学习、训练和比赛。

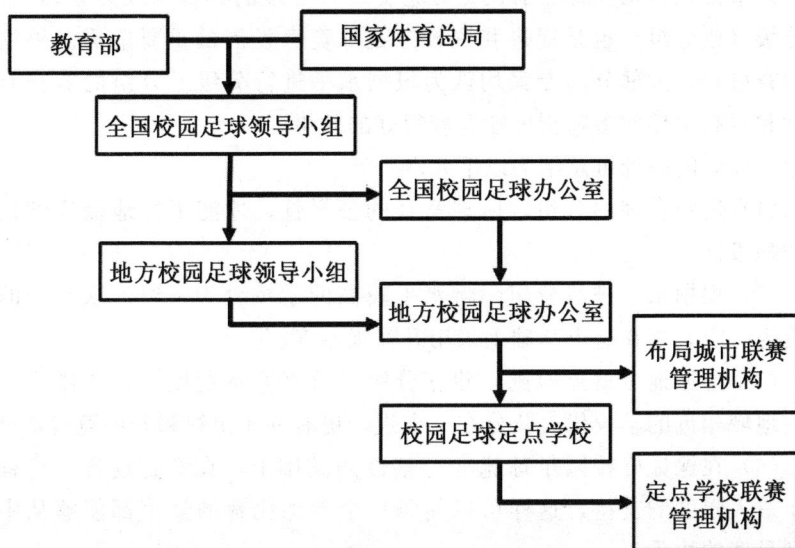

图 6-2

三、我国校园足球竞赛体系的规章制度

首先，根据我国校园足球活动的发展形势和实际需要，建立起新的竞赛规章制度，如学生运动员升学奖励制度、转学学生的参赛规定、学生运动员注册管理制度等。其次，要对那些我国现有的与校园足球竞赛有关的规章制度中所存在的有疏漏、不严密的地方，或者比较散乱的文件进行补充、整理和完善。根据相关调查，以及我国校园足球活动发展需要和我国的实际情况，我国应该建立由区域、区域间和全国性三个层次的校园足球竞赛新体制，并采用分级竞赛的竞赛方法。

（一）建立分区竞赛制度

分区竞赛制度的建立能够增加各个校园足球定点学校的竞赛次数和数量，这也为学生创造了更多的锻炼机会。根据调查，大多数专家认为，在组织和开展校园足球竞赛时，应与具体的情况相结合，在条件适合的情况下，根据地域分布来建立分区赛。通过分区赛决出比赛的前几名，然后再去参加全国性的正式比赛，如全国性的校园足球联赛、冠军赛、锦标赛等。

（二）建立分级（组）竞赛制度

公平公正原则实施的前提是对竞赛进行合理的分级（或分组），合理的分级（或分组）也是促进我国校园足球竞赛发展的重要前提。根据相关调查可知，大部分的专家均认为根据水平进行分级或分组的竞赛对于调动和提高学校的参赛积极性有着很好的效果。

这样做的好处可总结为以下几点。

（1）进行合理的分组，体现竞赛的公平性，才能更好地保证学校参赛的积极性。

（2）根据水平进行分组，将水平较高的学校分为一组，水平低的学校分为一组，并在这个基础上采用升降级制度。

（3）遵循地域就近原则，建立分级或分组竞赛制度，这样做可以使一些地域相近的学校代表队分在一个组，更有利于组织和开展竞赛活动。

（4）在保证好校园足球竞赛完整性的基础上，在竞赛规程、赛程上给予最大限度的支持，这样可以使每一个参加比赛的学生都能够从中享受到足球的快乐。

（5）名次决定原则，要对竞赛成绩进行淡化，重点是以鼓励为主，

在名次决定方面可以对参赛学生的比赛成绩和文化成绩进行综合评定。

（三）建立竞赛资格制度和竞赛奖励制度

竞赛资格是指参与相关赛事，代表队所应具备的资格规定。首先，要在与其他有关部门进行合作的基础上，全国校足办制定出统一、严格的学生运动员注册及学籍管理制度和公示制度。一般情况下，学生运动员可以在网上进行注册和报名，这样也有利于对学生运动员进行追踪注册和统一管理。通过注册的学生，既可以参加教育系统中组织的相关比赛，也可以参加体育系统组织的有关比赛。在这些竞赛中，学生运动员所获得的运动成绩都是被承认的，同时要严格要求参赛学生的学习成绩达到一定的标准。其次，全国校足办和地方校足办要建立严格的联赛审查机制和举报机制，严禁出现违反体育道德和体育竞赛公平的现象，如严禁为了追求获得更好的名次而将学生球员集中调校；严禁弄虚作假等，一旦发现和确认出现这种违规行为，要立即取消其相应的参赛资格，并在全国或各个地区进行通报批评。

为了更好地调动指导员和学生的参与校园足球竞赛的积极性，应制定出一些相应的激励政策。如对于在校园足球竞赛中获得奖励证书的指导员，在进行评定职称时可以进行加分；将足球课教学、训练和比赛也纳入指导员工作量计算中；对于那些竞赛成绩和学习成绩优秀的学生运动员，各省、市教育部门要制定出升学加分政策。

（四）制定规范的评价制度

为了更好地促进校园足球竞赛活动的发展，要客观地评价校园足球竞赛活动在各个定点学校中的开展情况。首先，要成立评价小组，由每一个定点学校的校长作为小组组长，小组成员由指导员和班主任组成，来对学校各个年级或班级参加校园足球竞赛的出勤人数、精神面貌、活动情况等进行细致的成绩评定，并把名次与平时成绩一起纳入年级或班级总评之中，并将这个成绩作为评选优秀年级或班级的重要评价指标；其次，各个校园足球布局城市要建立校园足球联赛工作评估小组，这个评估小组由校园足球联赛工作领导小组成员和有关专家共同组成，对本地区的各个定点学校校园足球校内和校际联赛的开展情况进行评估，将评定的结果与各个定点学校的校长年终绩效考核相挂钩，从而提高各个校园足球定点学校校长对开展校园足球校内和校际联赛的重视程度。

四、我国校园足球竞赛体系的赛事体系

我国校园足球赛事体系的新型发展模式可以概括为：校内与校外相结合，小学、中学（初中、高中）、大学之间相互衔接，并且内容、方法和形式多样化（图6-3）。

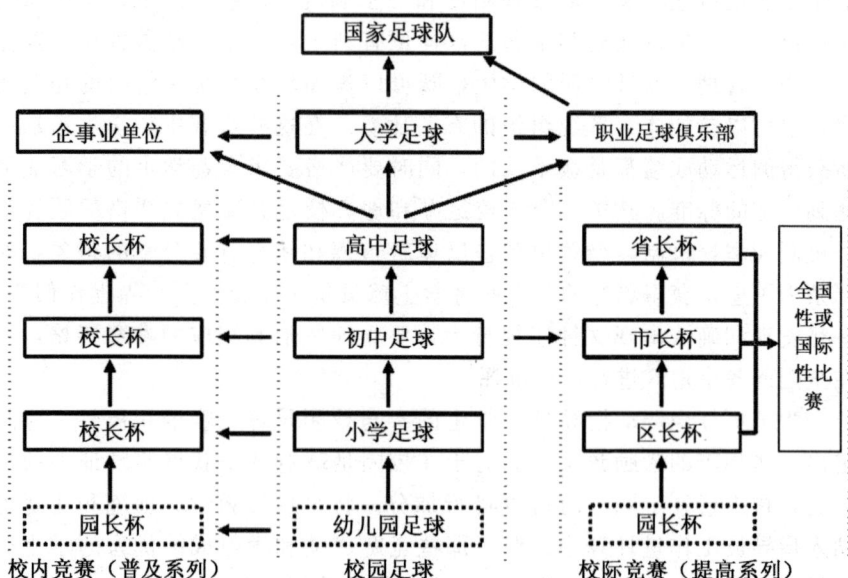

图 6-3

这种新型的校园足球赛事体系，其指导思想是通过对"幼儿、小学、初中、高中、大学"五级校园足球竞赛体系进行建立和完善，使广大学生能够学习足球运动的基础知识和基本技能，使学生学习足球的兴趣得到更好地培养，增强学生的体质，扩大我国足球人口和足球后备人才规模，并从中发现具有足球运动天赋的苗子进行重点培养，从而使我国的足球运动发展水平得到进一步提高。这种新型校园足球赛事体系的重点在于普及，其主体还是在校内开展。校内和校外两个足球竞赛体系是我国新型校园足球赛事体系的具体内涵。校内足球竞赛体系的重点是向学生普及足球基础知识和基本技能，处于普及层次，主要是在一些定点的幼儿园、小学、初中、高中、大学中广泛开展的足球类游戏和足球联赛，如"园长杯""校长杯"等；而校园足球校际竞赛体系是将发现、选拔和培养具有良好的足球运动天赋的苗子作为重点，处于提高层次，这类比赛主要是由"区长杯""市长杯""省长杯"，以及全国性或国际性的交流赛等比赛组成。

第七章　校园足球人才培养体系研究

在校园足球运动发展过程中，除去物的因素外，人才是足球运动发展的最为重要的因素。要想促进我国校园足球运动的健康、快速发展，建立一个足球人才培养体系，培养一大批足球人才是我国足球运动走上快速发展道路的根本途径。

第一节　足球运动文化素质培养

作为一名足球运动员，不仅要具备良好的体能、技战术能力，同时还需要了解和掌握有关足球运动的基本知识，形成良好的足球文化素养，这对于足球运动员技术水平的提高起着潜移默化的作用。

一、校园足球运动文化的内涵

近年来，中国足球水平长期处于低谷徘徊的情况。业界不断反思、深究其因，逐渐形成共识的一点就是要从青少年培养入手，大力发展校园足球，广泛普及足球知识和技能，形成以学校为依托，体教结合的青少年足球人才培养体系。2009年6月，在国家层面上，由国家体育总局和教育部两个国家职能部门联合下发了《全国青少年校园足球活动实施方案》。该方案十分具有前瞻性地指出了校园足球文化在发展校园足球中的作用。突出强调通过建立和传承校园足球文化，来充分发挥校园足球的特殊教育功能，并希望通过校园足球来改善学生体质，培养优秀的新世纪人才，充实校园足球人口基数，使学生能更为全面更为长久地发展自身，形成有特长、终身学习的人才。发展良好的校园足球文化是培养青少年足球后备人才的基础和保障，也是其健康成长的土壤。

校园足球文化是校园文化的一种，是广大师生在校园足球运动中长期形成的关于足球的思想、理念、习惯、行为以及特点的氛围。校园足球文化是校园文化和足球文化这种文化体系交汇而产生的一种横跨两种文化体系，具有深刻内涵和独立形态的亚文化。校园足球文化通过对校园文化与足球文化的选择与重构，使其有可能在不断构建自身的同时，映射出校园文化与足球文化完美结合、水乳交融的光辉。校园文化与足球文化之间有着密切的联系，二者互相影响、互相渗透、互相融合、互相促进，任何一方的发展都会给另一方带来一定的影响。因而，充分挖掘校园文化、足球文化与校园足球文化的内涵，认清校园足球的发展方向，对促进我国校园文化和校园足球文化的发展具有重要的意义。

校园足球本质是一种文化。文化及人化，是相对于自然存在的特质。文化既可以是物质的，也可以是精神的，这是从广义上来看文化。从这一意义上看，校园足球作为一种存在于学校内的教育手段，其本质就是一种文化。当足球成为一种文化时，意味着其经历了一定的历史发展过程。客体的足球文化对于其主体有一定的影响，这种影响并不会立即显现，而往往是潜移默化的，这也使得这种影响具有一定的时间持续性，并不会一带而过一样立即消失。这与足球作为一种单纯的运动项目是不同的，因为当足球作为单纯的运动项目时，其对主体的影响是阶段性的、一过性的。因此，当足球这一事物上升到理性高度时，人们便将其冠以文化的内涵。当前我国的足球改革，在校园足球改革方面，更是着重强调发挥校园足球的育人功能，依靠校园足球文化的构建，来对从事校园足球的主体——受教育者、教育者以及管理者，产生持久的，符合历史发展规律的影响，使其更符合我国社会发展的需要。校园足球文化不是本来就有的，更不会凭空产生，而是在校园内，作为校园足球活动参与者的人这一主体，在参与足球运动的实践过程中创造的，这其中包含了物质、制度、精神、行为等四个方面。校园足球文化的内涵是广泛的，多样的，它同社会的文化一样，并不是独立存在的，而是依赖于文化这一更加具有共性的特质，但是又不同于社会文化等其他文化而存在。当作为主体的人参与校园足球运动中时，必然是同时包含了校园足球文化的全部四个方面，具有整体性的特点，我们在理解时也不能将这四个方面割裂开来。校园足球文化各部分之间不是孤立的，它们互相联系、互相作用。在校园足球文化的系统中它们的位置不尽相同。物质文化是前提，没有球场、球和其他设施作基础，谈论足球文化其他方面就没有了意义。精神文化是导向，良好的精神文化可以育人，反之则会成为社会的不安全因素。制度文化是枢纽，为了约束参与足球运动不同主体之间的关系，规范各方的行为，明确各方的职责，制度和管理是不可缺少的。行为文化是核心，它是物质文化、精神文化和制度文化的综合表现。

二、应了解和掌握的足球运动基本知识

（一）现代足球运动的起源

众所周知，古代足球运动起源于中国的蹴鞠，齐国故都山东临淄是古代足球的发源地。而现代足球运动的发源地则是英国。据史料记载，公元 1066 年之后，类似足球游戏的罗马的"哈巴斯托姆"开始传入英国，并逐渐盛行起来。当时，这种踢球的游戏没有任何规则的限制，场地也不固定，或在城镇街区或在村庄小巷，而且比赛可以手脚并用，比赛中常会发生激烈的身体冲突，被称为"暴民足球"。由于这种游戏比较野蛮，1314 年，英国国王爱德华二世颁布法令禁止此项运动。从此，这种足球游戏进入了发展的缓慢期，在 1314—1660 年英国颁布的禁止足球的法令超过 30 次以上，这在一定程度上阻碍了足球运动的快速发展。从 1680 年起，足球运动重新开始得到英国王室贵族的支持和保护，足球在英国又迅速开展起来。

19 世纪初期，现代足球运动在公立学校中得到了广泛的开展。1823 年，一名叫埃利斯的学生先是为橄榄球制定了简单的比赛规则，1846 年，完善的英式橄榄球规则制定完成。1849 年，伊顿公学废除了橄榄球规则中用手传球、带球的条款。因此，伊顿公学的场地足球被看成是现代足球的最早原形。后来，英式橄榄球与英式足球逐渐分化，并得到了不同程度的发展。1863 年 10 月 26 日，来自伦敦和郊区的 6 所公学的足球队代表，组成了英格兰足球协会。与此同时，协会进一步发展和完善了比赛规则，使得英式足球极具观赏化，一些俱乐部受利益的驱使开始向观众收取入场费，这就是职业化足球的雏形。1865 年，英足总承认了职业足球的合法性，世界上最早的足球职业俱乐部和职业联赛在英国诞生，现代足球运动便正式发展开来。

（二）足球运动主要赛事

1. 世界杯足球赛

1928 年，国际足联在荷兰的首都阿姆斯特丹召开会议，会议决定每 4 年举行一届世界足球锦标赛。参赛队员不受职业和非职业选手的限制，各国都可以组织本国最高水平的球队参赛。随着时间的推移，后来又将世界足球锦标赛改名为朱尔·里梅杯，后来简称里梅杯或世界杯足球赛。

世界杯足球锦标赛，还决定设专门的流动奖杯——"里梅杯"即

"雷米特杯"，也称为"金女神杯"，同时还规定如果一个国家三次获得世界杯赛冠军，将永久地占有这座奖杯。在 1970 年，巴西队首先第三次获得冠军，永久地占有了金女神杯。后来国际足联又制作了新的奖杯，被称为"大力神杯"，这个奖杯不能归某只球队永久占有，是流动性的。

2. 奥运会足球赛

从 1896 年第 1 届现代奥运会到 1908 年第 4 届奥运会，足球一直都是表演项目，比赛属表演性质的，1912 年第 5 届奥运会才把足球列为正式比赛项目。1930 年，由于允许职业选手参加世界杯足球赛，奥运会足球赛的统治地位便被世界杯足球赛取代了。

1978 年，国际足联召开代表大会，会议明确规定欧洲和南美洲凡是参加过世界杯足球赛的足球运动员不得参加奥运会。1984 年 4 月，国际足联又宣布，除上述不准欧洲和南美洲参加过世界杯足球赛的队员参加奥运会的限制外，今后不再区分职业和业余球员，但奥运会比赛对参赛队员的年龄加以限制，使它成为世界足球 4 个级别比赛中的一个。1993 年召开的国际足联执委会决定，允许每个参加奥运会足球决赛阶段比赛的队有 3 名年龄超过 23 岁的队员。至此，奥运会的足球比赛水平才有所提高。在 1996 年第 26 届奥运会上，女子足球成为正式比赛项目。

3. 世界青年足球锦标赛

世界青年足球锦标赛包括世界青年（20 岁以下）足球锦标赛和世界青年（17 岁以下）足球锦标赛。
（1）世界青年（20 岁以下）足球锦标赛
1975 年，国际足联召开会议，决定每两年举办 1 次世界青年 20 岁以下足球锦标赛，由于本次比赛是由美国可口可乐公司提供的赞助，因此又被叫做"国际足联可口可乐世界青年足球锦标赛"。世界青年足球锦标赛获得国际足联的承认是在 1981 年，澳大利亚举办的第三届世界的青年足球锦标赛被国际足联命名为"世界青年足球锦标赛可口可乐杯"。因此，又将第三届世界青年足球赛称为第一届世界青年足球锦标赛。
（2）世界青年（17 岁以下）足球锦标赛
1985 年，国际足联在中国试办了 16 岁以下柯达杯世界足球锦标赛，此次比赛获得圆满成功。经过 1987 年和 1989 年两届的进一步试行，在 1991 年，正式成为国际足联的世界青年（17 岁以下）锦标赛，全称为"国际足联 17 岁以下柯达杯世界锦标赛"，每两年举行一次。
世界青年（17 岁以下）足球锦标赛的参赛资格为：国际足联下属会

员协会均可报名参加。比赛分预选赛和决赛两个阶段。决赛阶段参赛队为 16 支。

4. 世界女子足球锦标赛

1988 年，在国际足联的倡导下，在中国广东举办了有 12 个国家参加的国际女子足球邀请赛，这为世界女子足球锦标赛的正式进行打下良好的基础。1991 年第 1 届世界女子足球锦标赛在中国广东举行。同男子世界足球锦标赛一样，每 4 年举行一届，进入决赛的有 16 支球队，这 16 支球队必须由各大洲预选赛产生。决赛阶段比赛的名额分配：欧洲 5 个名额，南美洲 1 个名额，北美及加勒比海地区 2 个名额，非洲 2 个名额，大洋洲 1 个名额，亚洲 3 个名额加东道主和上届冠军队。

5. 世界俱乐部足球锦标赛

世界俱乐部足球锦标赛是国际足联新设立的比赛，它的前身是在 1980 年于日本举办的"丰田杯"。从 2005 年起，"丰田杯"被"国际足联世界俱乐部冠军杯"取代。最后一届的丰田杯在 2004 年，葡萄牙的波尔图成为最后一届丰田杯的得主。而首届"国际足联世界俱乐部冠军杯"是在 2000 年 1 月 5 日至 14 日在巴西举行的。

6. 世界室内五人制足球锦标赛

20 世纪 70 年代初，美国、加拿大等国兴起职业足球，并先开展了室内足球。1975 年 1 月，首届全国室内足球联赛由北美职业足球联盟发起。到 1978 年，美国室内足球协会成立。最初室内足球比赛的规则非常混乱，为了统一世界室内足球比赛规则，1981 年"室内足球国际联合会"宣告成立，总部设在澳大利亚。该组织在 1982 年、1987 年举行了两届世界室内足球锦标赛。

1988 年，室内足球国际联合会宣布加入国际足联五人制足球委员会。为了推动室内足球运动的开展，国际足联于 1989 年在荷兰举办了首届五人制室内足球赛，此后每 4 年举行一届比赛。

（三）足球竞赛规则简介

1. 比赛场地及球门

（1）球场
球场边线长度不得多于 120 米或少于 90 米，球门线的长度不得多于

90 米或少于 45 米。在任何情况下，球场边线的长度必须大于球门线的长度，场地各线宽度不超过 12 厘米。

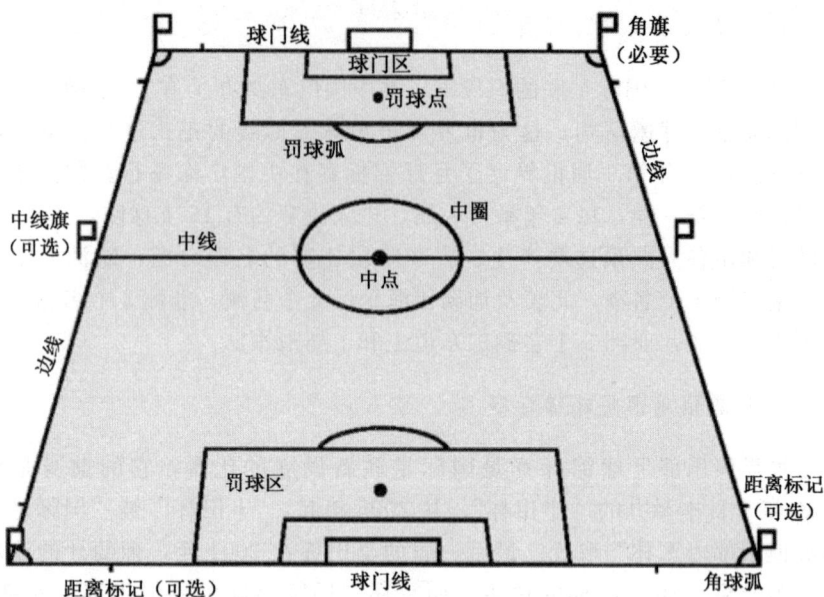

图 7-1

（2）球门

球门由两根内沿相距 7.32 米与两边角旗点相等距离的直立门柱以及一根下沿离地面 2.44 米的水平横木连接组成。门柱及横梁的宽度、厚度与球门线均应对称相等，不得超过 12 厘米。

2. 队员人数与装备

一场比赛每队上场队员不得多于 11 名或少于 7 名，其中必须有一名守门员。同队队员的服装（包括上衣、短裤和护袜）颜色必须一致，并与对方队有明显区别。守门员的服装颜色必须与对方其他队员和裁判员有明显区别。并且队员不能佩戴任何可能伤害到自己或别人的配饰。

3. 比赛时间

正式比赛每场为 90 分钟，分上下两个半场，每半场为 45 分钟。除经裁判员同意外，两个半场之间的休息不得超过 15 分钟。如比赛需决出胜负，90 分钟内战平，双方需打加时赛。加时赛共计 30 分钟，分为上下两个半场，每半场为 15 分钟，中间不休息。如加时赛后仍未分出胜负，则进行点球决胜。

4. 计胜方法

凡球的整体从门柱间及横梁下越过球门线外沿的垂直面，而此前未违反竞赛规则，均为攻方胜一球。

5. 越位

（1）构成越位的条件

①进攻队员处在对方半场。

②进攻队员处在球的前面。

③进攻队员与对方球门线之间，对方队员不足两人。

④接同伴的球或干扰比赛，获得利益。

上述四条缺一不可，若缺少任何一条，队员均不处于越位位置。

（2）判断越位的时间

判断队员是否处于越位位置的时间是同队队员踢或触及球的一瞬间，而不是该队员接获球时。

（3）越位的判罚

当同队队员踢或触及球的一瞬间，队员处在越位位置，并且裁判员认为该队员有干扰比赛或干扰对方队员的行为才判罚越位犯规。

（4）不应判罚越位的情况

裁判员认为，队员只是仅仅处在越位位置。如果队员越位位置直接接得球门球、角球、界外球和裁判坠球时，也不判该队员越位。

6. 犯规与不正当行为

（1）直接任意球

队员违反下列 10 条中任何一条者应判罚直接任意球。

①踢或企图踢对方队员。

②绊摔或企图绊摔对方队员。

③跳向对方队员。

④冲撞对方队员。

⑤打或企图打对方队员。

⑥推对方队员。

⑦在抢截对方队员控制的球时，于触球前触及对方队员。

⑧拉扯对方队员。

⑨向对方队员土唾沫。

⑩故意手球。

（2）间接任意球。

队员违反下列 7 条中任何一条者应判罚间接任意球。

①危险动作。

②阻挡对方队员。

③阻挡对方守门员发球。

④守门员用手控球在发出球之前持球超过 6 秒、2 次持球、接回传球、接队员直接掷入的球。

⑤擅自进、退场。

⑥连踢犯规（角球、开球、点球、球门球、任意球、掷界外球时连踢）。

⑦越位犯规。

7. 警告与罚令出场

队员违反下列 7 条中任何一条者将被出示黄牌警告。

（1）非体育道德行为。

（2）以语言或行动表示异议。

（3）持续违反规则。

（4）延误比赛重新开始。

（5）当以角球或任意球重新开始比赛时，不退出规定的距离。

（6）未得到裁判员许可进入或重新进入比赛场地。

（7）未得到裁判员许可故意离开比赛场地。

队员违反下列 7 条中任何一条者将被出示红牌罚令出场。

（1）严重犯规。

（2）暴力行为。

（3）向对方或其他任何人吐唾沫。

（4）用故意手球破坏对方的进球或明显的进球得分机会。

（5）用犯规破坏对方明显的进球得分机会。

（6）使用无礼、侮辱或辱骂性的语言及动作。

（7）在同一场比赛中受到第二次警告。

8. 任意球

任意球分为直接任意球和间接任意球两种。

（1）直接任意球可以直接踢入对方球门得分。

（2）间接任意球不可直接踢入对方球门得分，除非踢入的球触及了场上的其他队员。

（3）踢任意球时，所有对方队员距球至少 9.15 米直到比赛恢复，如果球距球门线不足 9.15 米时，允许对方队员站在球门线上。

9. 点球

在比赛进行中，如果防守队员在本方罚球区内违反可判直接任意球的犯规应被判罚点球。

10. 掷界外球

（1）比赛中，当球的整体在地面或空中越过边线时即球出界，应由出界前最后触球的对方队员在离球出界处的边线外一米范围内，用合法的动作将球掷入场内。

（2）如队员不在球出界处掷界外球或掷球违例，裁判员应判由对方在原球出界处掷界外球。

11. 球门球

（1）球由地面或空中踢或触出对方球门线时，由对方在球门区内任何地点踢球门球恢复比赛。踢球门球可以直接得分。

（2）踢球门球时，当球直接踢出罚球区进入场内时，比赛方为恢复。

（3）踢球门球后，如球未被直接踢出罚球区或任何队员在罚球区内触及球，即未进入比赛，应令重踢。

12. 角球

（1）当队员踢或触球的整体在空中或地面从球门外超出本方球门线时，由对方队员将球的整体放定在离球出界处较近的角球弧内踢角球。

（2）踢角球时，在比赛恢复前，对方队员至少距球 9.15 米。

（3）队员踢出的角球，如果球击中门柱或处于场内的裁判员而弹回时，该队员补射，应判连踢犯规，进球无效。

第二节　体能素质培养

作为一名足球运动员，必须具备的体能素质主要有五个方面，即力量素质、速度素质、耐力素质、柔韧素质和灵敏素质。在日常训练中，必须要结合自身的具体实际，通过合理的手段与方法提高自己的以上几项体能素质。

一、体能素质的概念

体能素质即通常所说的身体素质，通常指的是人体肌肉活动的基本能力，是人体各器官系统的机能在肌肉工作中的综合反映。身体素质在体育运动中，可以看成是人体表现出来的力量、速度、耐力、灵敏以及柔韧等机能能力。这些机能能力在人体运动时主要表现为肌肉收缩力量的大小、完成单个动作频率的快慢、体位移动一定距离用时的多少、保持肌肉持续工作时间的长短、肌肉群之间活动的协调配合和各个关节活动范围的大小等方面。

二、体能素质培养的现实意义

（一）有利于增强身体素质

运动员要参加训练和比赛，必须要具有良好的身体素质，这是运动训练和比赛的基础和保证，没有一个健康的身体，运动训练也就无从谈起。运动员参加系统的体能训练能够有效地提高内脏器官特别是心血管系统、呼吸系统机能，增强骨骼、肌肉、肌腱和韧带等运动器官功能，并使中枢神经系统机能得到明显改善；同时，对于克服人体生物的惰性，促进新陈代谢都具有极为重要的影响和作用。

此外，体能训练还能够有效地提高机体对外界环境的适应能力和对疾病的抵抗能力，从而有效地促进人体健康。

（二）有利于提高运动素质

要想充分挖掘和发挥运动员自身的潜力，就必须最大限度地发展和提高力量、速度、耐力、柔韧、灵敏和协调能力等运动素质，而体能训练正是实现这一目标的主要途径。通过体能训练，运动员的力量、速度、耐力、灵敏、柔韧等素质都能得到发展和提高，从而为运动员创造优异的运动成绩奠定牢固的基础。

（三）有利于提高技战术水平

一般来说，不同的运动项目对运动员的体能要求不同，有的运动项目需要突出的爆发力，有的需要良好的柔韧性，有的则需要较快的速度等。但只有通过体能训练，才能为运动员的技战术训练打好基础，并促进技战术水平的提高。

运动员技术水平的发挥有赖于身体素质的好坏，因此，运动员在训练中一定要加强身体素质的训练。在训练中，随着运动员技术动作难度的增加，对体能的要求也越来越高。运动员的体能训练正是通过各种具体的身体练习动作予以实施的，这些练习动作的学习和掌握，有助于运动员专项技术的发展和提高。同样，各种战术动作的完成对运动员机体的功能和身体素质也有着专门的要求。虽然，战术训练中包含有一定的身体训练成分，但各专项对体能的要求仅凭战术训练是无法达到的，只有通过专门组织的体能训练，才能提高身体的适应能力，从而达到专项战术的要求。

（四）有助于预防伤病，延长运动寿命

发展到现在，各个项目的运动训练已发展到了一个较高的水平，这对运动员的体能提出了更高的要求。体能是运动员长时间运动的能力，它可以反映运动员有氧代谢水平的高低。如果没有一个良好的体能素质，运动员的体力、脑力、感觉和情绪等方面身体机能就会不断的下降，难以保证技战术水平的发挥。

运动员长期进行体能训练，不仅能为技战术水平的训练和发挥打好基础，同时还能有效增进运动员的身体健康，提高抵抗疾病的免疫力和身体机能，能够有效地预防伤病的发生。同时，良好的体能发展使得运动员的身体形态结构的改变更为深刻，身体机能水平提高的幅度更大，由此产生的训练适应更稳固，运动员专项竞技能力的发展与保持的时间就更长，从而使运动员的运动寿命得到延长。

体能和技能是运动员从事运动训练和比赛的最为重要的两个方面，其中体能是技能的基础，技能是体能的表达，只有在体能和技能及良好的心理素质保证下才能很好地完成各种战术安排。为此，良好的体能与充沛的体力是运动员在比赛中始终保持高水平竞技能力的前提和保证，同时，体能训练对提升运动员的综合能力也具有重要的意义。

（五）有利于机体承担大负荷的训练和比赛

在现代化的训练手段和方法下，运动员的训练水平得到了快速的发展和提高，高强度、高密度、高速度和大运动量的训练成为高水平训练的主要特征，但是如果没有良好的体能作为基础，运动员就很难维持较高的训练水平。

另外，现代运动比赛越来越激烈，这促使运动员逐步加大了运动训练的负荷，只有通过大负荷训练，运动员才能获得较高的训练水平，进而取得优异的比赛成绩。在运动训练中，这种大负荷训练要求运动员必须具有强健的体魄，良好的身体机能能力。而通过体能训练能够为此打下坚实的基础，并使运动员在不断加大负荷的情况下，适应大负荷训练和比赛的需要。

三、体能素质培养注意事项

（一）力量素质培养注意事项

（1）掌握青少年力量发展的趋势，科学地安排力量训练。如：男孩的绝对力量自然增长敏感期为11～13岁，而后，绝对力量增长速度缓慢，到25岁左右最大。女孩10～13岁，绝对力量增长速度很快，13～15岁绝对力量增长速度下降，15～16岁回升，16岁以后再度下降，到20岁左右基本上可以达到最大力量。

（2）根据青少年身体发育的特点，合理安排力量训练的负荷。青少年骨骼发育的特点是：弹性好，不易折断；坚固性差，易弯曲变形。因此这个时期不可进行大强度的训练，应多做克服自身体重的练习，如做俯卧撑、反复蹲起、仰卧起坐等，提高全身的肌肉力量。

（3）青少年力量训练应以动力性练习为主，少用或不用静力性练习，特别要注意避免憋气动作，以免影响少儿心脏的正常发育。

（4）青少年力量训练应以一般身体力量训练为主，不要过早与专项力量结合，注意培养身体全面发展的力量训练。

（5）力量训练中还要注意训练的安全，做好充分的准备活动，集中精力进行训练，要掌握正确的方法和要领。

（6）训练时要按身体不同部位的肌肉交替穿插进行，同时注意安排放松练习。训练后要采取按摩、淋浴等必要的恢复手段，培养运动员自我放松的习惯。

（二）速度素质培养注意事项

（1）速度训练要在运动员兴奋性高、情绪饱满、体力充沛、运动欲望强时进行。一般安排在训练的前半部分开始时效果较好。

（2）每次练习的时间不应过长，每两次之间应有适宜的间歇时间。

（3）发展反应速度应抓好少年儿童9～12岁时期的训练。男7～14岁、女7～12岁时应抓好位移速度训练。注意纠正错误动作，形成正确的跑动技术。

（4）由于速度具有多素质综合性的特点，因此，在青少年进行速度训练的同时，要注意同力量、耐力、柔韧等其他素质共同发展，全面发展身体素质。

（5）在专项速度练习中，教练员必须明确专项速度的练习方法，应尽可能反映足球比赛的特点和形式，必须明确专项速度训练的重点在于速度。尽管练习中可能含有技、战术等因素，但技术难度和战术要求不宜过高，必须把注意力放在提高速度上。

（三）耐力素质培养注意事项

（1）根据青少年耐力自然发展的特点，科学地安排耐力训练。

（2）少儿耐力训练必须以有氧耐力训练为主。过早地进行无氧耐力训练，会严重损害青少年的机体功能水平。

（3）少儿耐力训练的内容手段应是多种多样的，不能只局限于长跑，应多跟专项结合，增加趣味性，或增加骑自行车、登山等练习。

（4）少儿耐力训练还应注意训练的强度，一般以小强度的间歇法为主，可用法特莱克式的变速跑等。

（四）柔韧素质培养注意事项

（1）根据少儿的身体发育特点，应尽早发展少儿的柔韧素质。

（2）少儿柔韧性练习要注意"缓慢"和"主动"。长时间的被动练习容易造成骨骼的变形和韧带的损伤。

（3）柔韧素质训练前要做好充分的准备活动，防止拉伤。

（4）柔韧素质训练应长期坚持，因为柔韧训练较易见效，且较易消退。

（5）柔韧素质训练应注意动力性拉伸和静力性拉伸相结合，主动拉伸和被动拉伸相结合。

（五）灵敏素质培养注意事项

（1）灵敏素质是在中枢神经系统指挥下，将身体各种能力综合表现出来。神经系统是人体发育最早和最快的系统，少儿发展具有优势条件。

（2）灵敏素质训练最好不要在运动员身体疲劳的状况下进行。通常情况下，灵敏素质安排在课的基本部分开始阶段，且练习重复次数不宜过多。练习之间应有足够的间歇时间，一般练习与休息的比例在1：3左右。

（3）在训练的过程中，要结合比赛中各种动作的灵敏特点进行设计，在练习环境中力求体现比赛中运用灵敏素质的背景条件。

（4）灵敏素质训练应富有趣味性、竞争性。队员应注意动作的质量，讲究及时、准确、轻松、协调。

（5）少儿12岁左右是灵敏素质的提高期，13～14岁时灵敏素质发展不稳定，15岁以后逐渐趋向稳定。

四、体能素质培养方法

（一）力量素质培养

1. 发展颈部、上肢和肩背力量

（1）两手扶头，在颈部转动时给予一定的抵抗力。

（2）在垫上做颈桥并推举哑铃、壶铃或轻杠铃。

（3）俯卧撑。俯卧撑向侧、前跳移。

（4）推小车。甲俯卧，两臂伸直。乙两手抬起甲的两脚，甲用两手向前"行走"。

（5）两人面对坐地，两腿分开，抛、传实心球或足球。

（6）重叠俯卧撑。甲保持俯卧姿势，乙在甲的背上做俯卧撑，或者甲、乙二人同时做俯卧撑。

2. 发展腰腹力量

（1）仰卧起坐、仰卧举腿、仰卧快速屈体。

（2）侧卧做体侧屈、俯卧做体后屈。

（3）仰卧，两脚夹球离地15～20厘米，以腰为圆心画圆。

（4）肩负杠铃做体前屈或转体、抓举杠铃。

（5）展腹跳。爆发起跳并充分展腹，向后屈膝，两手尽可能地触脚跟。

（6）跳起空中转体或收腹用力顶球。

（7）跳绳中的两摇一跳和三摇一跳。

（8）联合器械的腰腹练习。

3. 发展腿部力量

（1）肩扛杠铃做提踵或脚掌走、肩负杠铃由站姿下降至深蹲。

（2）向前后连续快摆大、小腿。腿上可绑沙袋。

（3）远距离传球和大力射门练习。

（4）斗鸡。相互用大腿撞或挑、压对方大腿，用肩冲撞对方或闪躲对方撞击。以将对方撞击成两脚着地者为胜。

（5）小腿负重踢球。要求在不影响正确动作规格的前提下尽力踢球。

4. 发展全身力量

（1）负重杠铃挺举。要求完成每一环节时都必须采取爆发性动作。

（2）合理冲撞练习。二人面向或侧向做跳起冲撞练习。或甲运球，乙贴身跟随并冲撞甲，甲要稳住重心。也可两人同时争顶并在其间运用合理冲撞。

（3）蹲跳顶球。连续蹲跳中顶球，要求取半蹲姿势。可负重。

（二）速度素质培养

（1）60—80—100 米的全速跑、加速跑，提高位移速度。

（2）在长约 20 米的距离内，设置不同距离间隔和有方向变化的标杆或锥体，让运动者以尽可能快的速度做绕杆跑，发展运动者绕过对手的快跑能力。

（3）在快速跑中看教练员手势，或抛球等信号，做急停、转身、变向、跳跃和翻滚等动作。

（4）抢球游戏，全队分为两排，相距 20 米，面对站立，在中间 10 米处画一条线，每隔 2 米放一球，队员依次面对球站好。当教练员发出信号后，双方快速跑上抢球，抢球多的一方胜。

（5）追球射门，两人一组，可分为若干组在中圈外的中线两侧站好，利用两球门同时练习，球集中于中圈教练员脚下。当教练员将球向一个球门方向踢出时，两翼队员快速起动追球射门。

（6）两侧移动。两个物体相距 3 米，高 1.20 米，练习者站中间，做左右两侧移动，用左手摸右侧的物体，右手摸左侧的物体。

（7）规定最高速度指标的练习。如在限定的时间内快速完成传—接—传，运—传—接—射门等动作，以建立快速动力定型。

（8）提高肌肉感觉的快速精确分析机能练习。两人或多人一组，在连续奔跑中完成同一传接球练习。

（9）在较小场地内做 2 对 2、3 对 3 的传抢练习。

（三）耐力素质培养

1. 有氧耐力训练

（1）确定距离跑或不同距离的越野跑、公路跑。

（2）定时跑。如12分钟跑等。

（3）足球场上穿足球鞋的长距离跑，绕乡间小路的慢跑。

（4）100～200米间歇跑，400～800米的变速跑，距离一定要长。

2. 无氧耐力训练

（1）编组练习，训练内容可以是折线快跑20米—仰卧屈体5次—冲刺10米突停转身铲球—向左右做旋风腿各1次—快跑中跳起头顶球3次—冲刺射门两次—三级蛙跳（图7-2）。

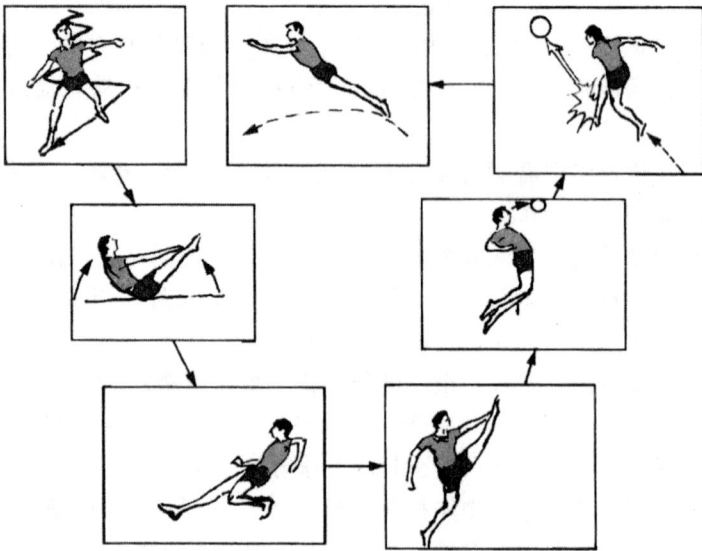

图 7-2

（2）重复多次的30～60米冲刺。

（3）100～400米高强度的反复跑。

（4）原地快速跳绳，30秒×10，60秒×5（每次间歇30～60秒）。

（5）进行5米、10米、15米、20米、25米折返跑练习。

（6）往返冲刺传球，队员甲往返冲刺在限制线之间（间距10米），在限制线附近回传乙、丙分别传来的球，乙、丙离限制线约5米。

（7）1分钟内一对一追拍或一对一过人。

（8）规定时间做不同人数的传抢练习。1/4 场地 4 对 4 传抢，1/2 场地 6 对 6 传抢，全场 9 对 9 传抢。

（9）100～400 米逐渐缩短间歇时间跑，一般采用 80％～90％的练习强度，心率达到 160 次/分左右。一次练习的持续时间和距离稍长，练习的重复次数不宜过多。要求运动员间歇时间逐渐缩短，可采用段落相等或不等的练习。如果段落不等，练习顺序由短到长，在最后一组练习时基本保持规定的强度。

（10）30～60 米距离间歇跑，间歇时间 1 分钟左右。采用 95％以上的大强度练习，持续时间 10 秒左右。要求运动员保持高训练强度。较多的练习重复次数，组数根据练习者情况而定。

（11）短距离追逐跑，教练员发出信号后①号追②号，当他们踏上 X 限制线时立即返回，此时③号和④号分别追逐②号和①号，冲出 Z 限制线为安全（图 7-3）。

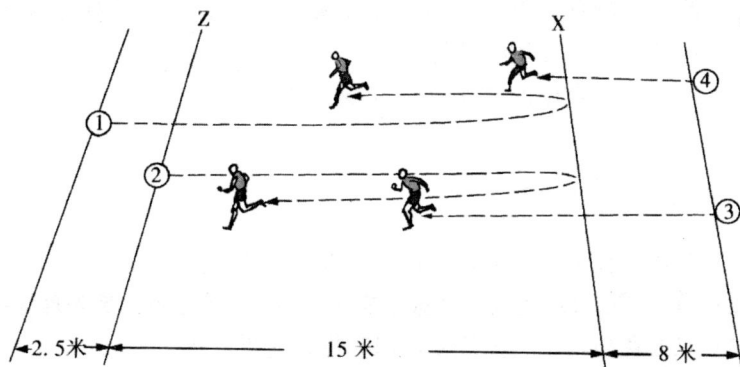

图 7-3

（12）100～400 米固定间歇时间跑，要求运动员采用 80％～90％的练习强度，心率达到 180～190 次/分。一次练习的持续时间和距离稍长，练习的重复次数不宜过多。要求间歇时间固定不变，可采用段落相等或不等的练习。如果段落不等，练习顺序由短到长，在最后一组练习时基本保持规定的强度。

（13）有持续时间的往返带球、扣球练习。

（14）100 米、200 米长段落间歇跑，可采用 100～150 米距离，间歇时间 2 分钟以上。采用 95％以上的大强度练习，持续时间 10 秒以上。要求运动员保持高训练强度。练习的重复次数可以较多，组数根据练习者情况而定。

(四) 柔韧素质培养

1. 一般柔韧素质训练

(1) 颈前屈、侧屈、后屈并绕环,体前屈、侧屈、后屈并振动。

(2) 前弓步和侧弓步压腿,纵劈腿和横劈腿。

(3) 前踢腿、后踢腿、侧踢腿和腿绕环。

(4) 站立体前屈下压,或靠墙站立体前屈下压,背伸、展腹屈体练习及腿肌伸展练习。

(5) 模仿内、外侧颠球动作,单、双腿连续做内翻和外翻练习。模仿内扣、外扣动作,单腿连续做内转、外转动作。

(6) 两腿交叉的各种跨步、转身动作。

(7) 踢球、顶球和抢截球等各种技术动作的模仿练习。

(8) 跪压正脚背(上体后仰、轻轻振压)及全脚背着地的俯卧撑练习(主要拉长脚背韧带和小腿前肌群)。

(9) 模仿和结合球的大幅度振摆腿、铲球、侧身踢凌空球及倒勾射门等练习。

2. 专项柔韧素质训练

(1) 踢球、头顶球和铲球等各种技术的模仿练习。

(2) 模仿和结合球的大幅度振、摆腿、踢侧身凌空球、倒勾球等练习。

(3) 双人背向两手头上拉住,同时作弓箭步前拉。

(4) 手扶一定高度体前屈压肩。

(5) 俯卧背屈伸。腿部不动,积极抬上体、挺胸。

(6) 体前屈手握脚踝,尽量使头、胸、腹与腿相贴。

(7) 两脚前后开立,向左后转,向右后转,来回转腰。

(8) 站在一定高度上做体前屈,手触地面。

(9) 肩肘倒立下落成屈体肩肘撑。

(10) 用脚内侧、外侧、脚跟、脚尖走。

(11) 做脚前掌着地的各种方向、各种速度的行走练习。

(五) 灵敏素质培养

1. 一般灵敏素质训练

(1) 各种滚翻与起动跑。队员分散站开,听一声长哨做前滚翻,听一声短哨做后滚翻，然后向规定的方向起跑。

（2）听掌声或哨声起动跑，教练员可不断变换信号。

（3）喊号追人。将练习者分成若干组，每组若干人，分别坐在中圈内，教练员喊某一编号各组该号队员沿中圈快跑，以最快返回自己位置者为胜。

（4）躲闪摸杆。防守队员站于杆前，进攻队员用虚晃动作骗取防守队员的重心偏离，然后超过防守队员用手摸杆。

（5）两人冲撞躲闪。两人一组，在慢跑中试图冲撞对手，对手应尽可能运用躲闪，避免被撞到。

（6）多种动作过障碍。在场地一区域设若干障碍物，要求队员做跳、滚翻、爬、跑等多种动作并尽可能快地完成练习。

2. 专项灵敏素质训练

（1）进行身体各部位的颠球及各种挑反弹球练习。

（2）将球踢向身后，然后迅速向前绕过障碍折回接反弹球练习。

（3）距墙约 10 米远，利用两个球，快速、连续地向对墙踢。

（4）带球跑。做带球跑练习，并在运球的过程中做各种颠耍、虚晃、起动、拨挑、回扣等动作。

（5）虚晃摆脱。三人一组，甲传球，乙盯防，丙利用左右虚晃动作突然摆脱乙或利用前跑反向要球。练习中甲与丙相距 5 米左右，乙紧逼丙，三人轮换职能。练习中丙要注重动作的突然性以及身体在各种姿势下的控制能力。

第三节　心理素质培养

在足球人才培养与训练中，心理能力训练也是重要的组成部分。在足球比赛中，运动员要想充分发挥出应有的技术水平，除了必须具备出色的身体素质外，同时还要有过硬的心理素质以应对场内发生的突发状况，有时候运动员的心理素质甚至起到决定性的作用。

一、心理素质的概念

心理素质即我们所说的心理能力，是指运动员与训练比赛有关的个性心理特征，以及按训练比赛的需要控制和调整心理过程的能力。

个性心理特征包括：情感、意志品质和智力。

情感是人对客观事物是否符合自己的需要而产生的体验。在运动比赛中，成功与失败经常转换，运动员希望战胜对手这种十分重要的需要时而得到满足，时而不能满足，所以感情激烈变化，时而狂喜、时而沮丧，喜怒忧乐不断转换。比赛时，肯定性质的情感会使运动员力量倍增，否定性质的情感常使运动员消极乏力。强烈而短暂的激情，如狂喜、愤怒等有时成为克服困难、克敌制胜的巨大力量；有时也会成为引起肌肉痉挛、腹部疼痛，降低成绩的原因。因此，每个运动员都应了解运动竞赛中情感的特点，学会不因暂时的失败而灰心丧气，学会始终保持愉快乐观的情绪，把情感作为推动比赛和提高运动能力的催化剂。

意志是人为了实现确定的目的，而支配自己的行为，并在运动时自觉克服困难的心理过程。意志是在认识的基础上，情感的激励下产生的心理活动，是提高运动成绩的巨大精神力量。意志品质是指一个人的果断性、坚韧性、自制力以及勇敢顽强和主动独立等精神，意志品质既是在克服困难的过程中表现出来的，又是在克服困难的过程中培养起来的。意志品质的培养，需要两个极其必要的条件，即"明确目的"和"克服困难"，在具有明确目的的体育运动中，运动员经常需要不断克服客观困难（如气候条件的变化、动作的难度或意外的障碍等）和主观困难（如胆怯和畏惧心理、疲劳或运动损伤等），这就需要足够的意志力量。因此，运动员只有不断地克服这些困难，充分发挥自己的主观能动作用，具有坚强的意志品质，即明确的目的性、行为的自觉性、对困难能勇敢坚定地去克服，这样才能很好地学习掌握运动技能，进而提高运动成绩。

智力是指在推理、判断、问题解决、决策等高级认知过程中表现出来的能力。智力的同义词是一般能力，它是表现在特定情景中的所有特殊能力的基础；而特殊能力则是指在特定情景中完成特殊任务所必需的能力。

二、心理素质培养方法

（一）集中注意力训练法

培养足球运动员集中注意力的能力时要注意以下几点。

（1）在足球心理训练的过程，要时刻培养专注的能力，将意念集中于某一个方面而不松懈。

（2）听技战术要领，观看技战术后进行复述练习，养成足球运动训练中集中注意力的习惯。

（3）采用提示语、警示语的方式培养队员集中注意力的习惯和能力。

（二）自我暗示训练法

在足球训练中，通过有效的自我暗示、诱导和放松训练能有效地提高心理素质。自我暗示依靠意念与语言对自己的行动进行控制和约束，以调整情绪，排除不安、焦虑和烦恼等不良心理影响，坚定信念，增强意志力。

（三）放松练习法

放松练习是指通过意念和呼吸，使全身肌肉得到充分放松，以提高心理能力的练习方式。放松练习具有"外松内静"的良好效果，能帮助运动员放松肌肉，平静心绪、降低大脑皮层的兴奋度，对克服紧张心理和调节不良情绪具有重要的作用。

（四）念动训练法

念动训练，是指运动员有意识、有次序地在脑中重复再现原已成形的运动动作表象的心理训练的方法。运动员在足球比赛前进行技术或战术配合中的表象体验，可有效地动员运动员的运动器官，帮助其更好地完成技术动作和执行战术行动。

（五）心理反馈训练法

心理反馈训练，是指通过专门的仪器，以声光信号来识别自己生理功能变化的状态，并将这种状态与自身的感知觉联系起来的心理训练方法。这种训练方法能帮助运动者逐步学会根据反馈信息调整自身机能能力，以充分动员与发挥机体能力的状态。这种训练方法对改善运动员的不良情绪状态具有非常显著的作用。

（六）模拟训练法

模拟训练，是指尽可能将训练安排与比赛条件相似的一种实战心理训练方法。这种训练方法有助于运动员在不同的比赛条件下适应比赛环境，临场发挥出较高的技战术水平。

三、几种心理现象及克服方法

（一）心理紧张的克服方法

比赛时的心理过度紧张会造成运动员心跳加快、肌肉僵硬、心理活动失常、意识模糊、不能控制自己的行为等情况，这都会直接影响到比赛的过程和结果。

心理紧张的克服方法：

（1）阻断思维法。当运动员出现心理紧张时，可通过大声喊叫，来暂时阻断原有的紧张意识。

（2）音乐调节法。比赛前，选取适合的音乐来调节情绪，消除紧张。

（3）排尿调节法。人在情绪过分紧张时，会出现尿频的现象，如果能及时排尿，会使运动员产生愉快感，使心理得到放松。

（二）心理胆怯的克服方法

心理胆怯是一些运动员经常出现的一种心理状态，心理胆怯使大脑皮层的控制出现紊乱，使运动员无法发挥出应有的水平。克服胆怯的方法就是要找出原因，解除压力，有针对性地采取措施加以克服。

（三）情绪消极的克服方法

情绪消极是指运动员在激烈竞争的刺激下，对超限心理负担所产生的一种失常的心理表现。这些心理状态的出现，会使运动员感到四肢无力、智能下降，对比赛失去信心等。

情绪消极的克服方法：

（1）激励法。教练员应根据场上出现的具体情况，不断地激发运动员的士气，使出现的消极情绪转化为积极情绪。

（2）暗示法。运动员可通过自我暗示，运用指导语或口号来调节神经的抑制，使消极情绪得到控制。

（3）体验法。通过不断地参加比赛，增加更多的体验，提高运动员在逆境时的自我控制力。

第四节　技战术能力培养

技战术是足球运动的核心，因此加强足球运动员的技战术能力的培养就成为重中之重。在对校园足球人才进行技战术能力培养时，指导教师不仅要讲解基本的技战术动作，同时还要教给学生技战术训练的方法。

一、足球技术能力培养

足球技术主要包括运球技术、踢球技术、颠球技术、抢断球技术、头顶球技术、掷界外球技术和守门员技术等，通过以上基本技术的训练，能有效地提高足球运动人才的能力。

（一）运球技术

运球，是指运动员在跑动中用脚连续推拨球，使球处于自己控制范围内的触球技术动作。利用运球可以变换进攻的速度，调节比赛的节奏。

运球技术主要有以下几种。

1.脚背正面运球

上体稍前倾，步幅不宜过大，运球脚提起，髋关节前送，膝关节稍屈，提踵，脚尖下指，在着地前脚背正面部位触球后中部将球推送前进。

2.脚内侧运球

脚内侧运球要求在运球前进时支撑脚位于球的侧前方，始终领先于球，肩部指向运球方向，支撑腿膝关节微屈，重心放在支撑腿上，另一条腿提起屈膝，用脚内侧推球前进，然后运球脚着地。

3.运球过人

（1）拨球过人

拨球利用脚踝关节向侧的转动，来达到脚背内侧或脚背外侧触球，将球拨向身体的侧前方、侧方、侧后方。在过人时若使用拨球，还要在拨球后立即跟上推球，使球按预定方向运行。

（2）拉球过人

将前脚掌放在球的上部或侧上部，另一脚放在球的侧后方支撑，然后触球向后下方用力将球拉回。回拉球一般都是躲开或引诱对方出脚抢球的瞬间将球拉回造成对方抢球落空，使其重心随抢球脚前移，趁对手难于返回的瞬间将球迅速推送出去越过防守者。

4.运球技术的训练方法

运球技术的熟练掌握不是一时一日而成的，要经过长期的训练才能提高运球技术的能力，一般来说，常见的运球技术训练的方法有以下几种。

（1）练习者用脚内侧做斜线内引运球，控制速度，运球平衡，当教练员发出信号，练习者快速改用脚外侧拨球，并起动加速跟上球，将球控制后再做斜线内引运球，以此重复练习。

（2）队员分成两组，由教练员传球。每组每人都做一次进攻，一次防守，计算各组的成功率以分胜负。

（3）练习者运球至旗杆处做变向过杆，旗杆间距为5米。练习者做完后慢速运球返回原处，依次循环练习。

（4）一人持球，一人防守进行过人突破练习，防守者可由消极防守逐步过渡到积极防守，可定时交换，也可谁控制球就由谁进攻，另一人防守。

（二）踢球技术

1. 脚背踢球

（1）脚背正面踢球

脚背正面踢球，又称正脚背踢球。脚背正面踢球的力量大，准确性也高，在比赛中经常运用。

①踢定位球

直线助跑，支撑脚积极着地支撑，在球的侧面10～12厘米处，脚尖正对出球方向，膝关节微屈，踢球腿随跑动向后摆动，小腿屈曲，支撑的同时踢球腿以髋关节为轴，大腿带动小腿由后向前摆动。当膝关节摆至接近球的正上方时，小腿做爆发式的摆动，脚趾屈，以脚背正面部位击球的后中部。击球后身体及踢球腿随球前移（图7-4）。

图 7-4

②踢反弹球

根据来球的速度、落点和运行轨迹，支撑脚踏地在球落点的侧面。在球落地时，踢球腿爆发式前摆，在球刚弹离地面时，用脚背正面击球的后中部，并控制小腿的上摆（图7-5）。

图 7-5

③踢侧面半高球

踢侧面半高球时，身体侧对出球方向，身体向支撑脚一侧倾斜展腹，踢球腿抬起，大腿伸直、小腿微屈，大腿带动小腿由后向前急速摆动，用脚背正面击球的后中部，同时身体向出球方向扭转，击球后踢球脚随球前摆着地以维持身体的平衡（图7-6）。

图 7-6

④踢倒勾球

根据来球的速度、运行轨迹，及时移动到位。选择支撑位置时应考虑将击球点放在身体的前上方，支撑腿膝关节微屈，上体后仰，踢球腿以髋关节为轴向上方摆动，当球落到身体前上方适当高度时，用脚背正面击球后部，将球向身后踢出（图7-7）。

（2）脚背内侧踢球

①踢定位球

斜线助跑，助跑的方向和出球的方向约成45°，最后一步要稍大，以支撑脚底积极着地，脚尖指向出球方向，距球内侧后方20～25厘米，膝关节微屈。在支撑同时，踢球腿已完成后摆，并且开始以髋关节为轴大腿带动小腿由后向前摆动，当大腿摆至支撑腿接近同一平面时，小腿做爆发式摆动。此时脚背绷直、脚尖外转，以脚背内侧部位触击球的后中部。击球后踢球腿及身体继续随球向前（图 7-8）。

图 7-7

图 7-8

②踢反弹球

踢反弹球与踢定位球动作基本相同，只是在踢球时，要在球反弹时离地的瞬间踢球。

③踢地滚球

根据来球的速度、运行轨迹，选好击球时的位置并及时移动到位。在选择支撑点时应考虑到来球的情况与摆腿的速度，以保证脚触球的瞬间，球和脚的相对位置仍能保持规格要求。

2.脚内侧踢球

（1）踢定位球

直线助跑，支撑前的最后一步稍大些，支撑脚站在球侧面约 15 厘米处，脚尖正对出球方向，支撑腿膝关节微屈。在支撑脚着地时，踢球腿大腿带动小腿由后向前摆动，在前摆的过程中大腿外展，当膝关节的摆动接近球的正上方时小腿做爆发式摆动，在触球前将脚跟送出使得脚内侧部位所形成的平面或出球方向垂直，踢球脚脚底与地面平行，脚尖微微翘起，踝关节功能性地紧张使脚型固定，击球后身体跟随移动，髋关节向前送（图7-9）。

图 7-9

（2）踢空中球

注意来球并移动到位，踢球腿大腿抬起并外展，小腿屈并绕额状轴后摆，利用小腿绕额状轴由后向前摆动，当摆至额状面时与球接触，击球的中部（图7-10）。

图 7-10

3. 踢球技术的训练方法

踢球技术训练的方法主要有以下几种。

（1）踢固定球练习。可以采用一人把球踩在脚下，另外一人用脚的不同部位踢球，体会脚的触球部位。

（2）踢定位球练习。可对足球墙、足球网自己练习，也可采用各种形式的对练，练习的距离由近至远，这一阶段练习的重点应放在动作的协调性和准确性上，而不是放在踢球的力量上。

（3）踢地滚球练习。通过观察、判断来球的速度和方向，调整自身的控制能力，并根据出球目标选择支撑脚的位置。可以踢从正面、侧面或侧后方传来的球；可以限定脚法，也可视来球任意选用脚法进行练习。

（三）颠球技术

颠球是指运动员用身体的各个有效部位连续地触击球，并加以控制，尽量使球不落地的技术动作。颠球技术可以分为以下几种。

（1）头部颠球。两脚开立，膝盖微屈，头部上仰，用前额部位连续顶球的下部。顶球时，用力不要太大，两眼要注视球。

（2）大腿颠球。抬腿屈膝，用大腿的中前部位向上击球的下部，两腿可交替击球，也可一只脚支撑，用另一侧的大腿连续击球。

（3）肩部颠球。两臂自然下垂或微屈肘，两脚自然左右开立，身体重心移至两脚间。当球下落至接近颠球一侧肩部高度时，肩上耸，击球的下中部将球向上颠起。

（4）正脚背颠球。双脚交替向前上方摆动，用脚背击球。击球瞬间踝关节紧张，击球的下部。由于摆腿的原因，击球后球产生一定的内向旋转是正常的。颠球时两脚可交替击球，也可一只脚支撑，另一只脚连续击球。

（5）脚内、外侧颠球。

脚内侧颠球：支撑腿膝关节微屈，身体重心移至支撑脚上，用脚的内侧向上摆动，击球的下部，两脚内侧可交替击球，也可单脚连续击球。

脚外侧颠球：动作方法与脚内侧颠球相仿，只是改脚内侧为外侧，提脚颠球时，脚由外往上提起。

颠球技术可采用以下两种方法进行练习。

（1）原地颠球练习。每人一球用某一部位颠球，或用多部位颠球（如脚背正面和脚内侧交替进行）。亦可安排高、低交替颠球，让练习者用某个部位颠几次球后，用力将球颠高接着改颠低球，高高低低，反复交替进行。体会触球部位和力量，可增加难度，提高控球能力。

（2）行进间颠球练习。每人一球颠球向前移动，保持稳定性，尽量使球不落地。可由慢到快逐步提高练习难度。

（四）抢断球技术

1. 合理冲撞抢球

当防守者并肩与运球者跑动追球时，防守者重心稍下降，靠近对手一侧的手臂紧贴身体，利用对方同侧脚离地的过程，用肘关节以上部位适当冲撞对手同样部位，使对手身体失去平衡，趁机将球控制住（图7-11）。

图 7-11

2. 正面上步抢断球

抢球者两脚前后开立，迎着运球者而站，两膝微屈，身体重心下降并置于两脚之间。当运球者和抢球者间的距离缩小到一定范围，运球者脚触球后即将落地或刚刚落地时，抢球者后脚蹬地并跨步向前，以脚内侧去堵截球。堵住球时，另一只脚应迅速上步（图 7-12）。

图 7-12

3. 抢断球技术的训练方法

抢断球技术的训练方法主要有以下几种。

（1）两人一球练习。队员甲运球向乙突破，队员乙选择好时机实施正面脚内侧堵抢动作。两人脚内侧同时触球时，队员乙立即提拉球，将球拉过队员甲的脚面并控制住球。在练习中可以先慢后快。

（2）在两人面前 6 米左右处放一球，听哨音后同时冲向球，要求两人同时跑动，在适当的位置和时机进行合理冲撞抢球。经过一段练习后，可将静止的球变为活动球，即教师送球，两队员同时追赶球，利用合理冲撞将球控制住。

（3）铲球练习。将球放在前面离练习者3～3.5米的位置，练习者原地蹬出做铲球动作，体会和掌握铲球技术动作。当原地铲球掌握以后，练习者可将球沿地面缓慢抛出，自己追球并铲掉，以体会如何对滚动的球实施铲球动作。

（五）头顶球技术

1. 前额正面头顶球

（1）前额正面原地头顶球

身体正对来球方向，两脚左右开立（或前后开立），膝关节微屈，重心置于两脚间的支撑面上（或后脚上），两臂自然张开。当球运行到将垂直于地面的垂线时，迅速向前摆体，两腿用力蹬地，微收下颌，在触球瞬间颈部做爆发式的振摆，用前额正面击球中部，上体随球前摆（图7-13）。

图 7-13

（2）前额正面原地跳起头顶球

两膝屈，重心下降，然后两脚用力蹬地起跳，同时两臂屈肘上摆，在身体上升阶段展腹挺胸，眼睛注视来球，两臂自然张开，身体自然成背弓。当球运行至身体额状面时，迅速收腹，上体前摆，触球瞬间颈部做爆发性振摆，用前额正面将球顶出。同时两腿向前做振摆，球顶出后两腿屈膝屈踝落地（图7-14）。

（3）前额正面鱼跃头顶球

判断好来球的路线、选择好顶球点，以单脚或双脚用力向前蹬地，身体接近水平状态向前跃出，同时两臂微屈前伸，眼睛注视来球，手掌向下，利用身体向前跃出的冲力，前额正面顶球。顶球后，两手先着地，手指向前，以胸部、腹部和大腿依次着地（图 7-15）。

图 7-14

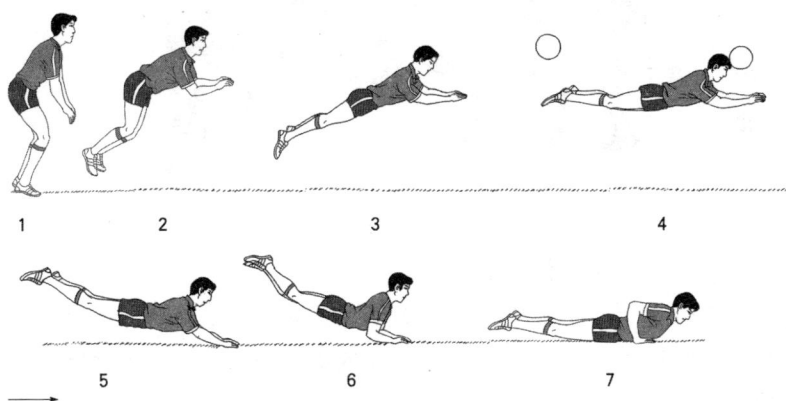

图 7-15

（4）前额正面跑动跳起头顶球

根据来球的速度、运行轨迹，选好起跳位置，及时跑到起跳点，起跳的前一步要稍微大些，起跳脚蹬地跳起。同时，另一腿屈膝上摆，两臂屈肘自然上提。其余各环节和原地跳起头顶球相同（图 7-16）。

图 7-16

2. 前额侧面头顶球

（1）前额侧面跳起头顶球

起跳动作及第一环节和前额正面跳起头顶球相同。在起跳后的身体上升阶段上体向出球的相反方向侧摆，在身体达到最高点时，上体急速向来球方向摆出，颈部扭摆甩头，用前额侧面击来球的后中部，将球击向预定的目标。落地时屈膝以缓冲落地力量并保持身体平衡（图7-17）。

图 7-17

（2）前额侧面跑动头顶球

前额侧面跑动头顶球和原地前额侧面头顶球动作要领基本相同，不同的是此动作是在快速跑动中开始和完成的，而且注意完成动作后的身体平衡。

3. 头顶球技术的训练方法

头顶球技术的训练方法主要有以下几种。

（1）做头顶球模仿动作练习。

（2）利用吊球进行练习。改变吊球架上足球的高度进行各种顶球的练习。

（3）利用足球墙进行练习。自抛球由墙弹回时，进行各种顶球练习。

（4）两人一组一球，面对面站立，间隔10米，一人抛球，一人原地和跳起头顶球。

（5）两人一球，相距20米左右，甲脚传头顶球飞向乙，乙顶回给甲。数次后轮换传、顶球。

（6）两人一球，相距20米左右，甲传高球飞向乙，乙再顶回给甲。数次后轮换传、顶球。

（7）向后蹭顶球。三人一组排成一条直线，各相距10米左右，甲抛球给乙，乙蹭顶给丙，丙接球后再给乙，乙又蹭给甲，如此循环往复。

（六）掷界外球技术

掷界外球是指运动员按照规则的规定用双手将球掷入场内预定目标的动作。在掷界外球时，掷球队员必须要面向球场，用双手将球从头后经头顶用一个连续动作掷给场内的队员，双脚可以踩在边线上，但不得越过边线。掷界外球可以分为两种：原地掷界外球和助跑掷界外球。

1. 原地掷界外球

面对出球方向，两脚前后或左右开立，每脚均应有一部分站立在边线上或边线外。膝关节弯曲，上体后仰成背弓，重心移到后脚上（左右开立时，重心在两脚间），两手自然张开，拇指相对，持球的侧后部，屈肘将球置于头后。掷球时，后脚用力蹬地（或两脚用力蹬地），两腿迅速伸直，身体重心由后脚移到前脚，收腹屈体，同肘两臂急速前摆。当球摆到头上时用力甩腕将球掷入场内。掷球时，后脚可沿地面向前滑动，两脚均不得离地（图 7-18）。

图 7-18

2. 助跑掷界外球

助跑时，双手将球持于胸前，在迈出最后一步时，上体后仰或背弓，两脚前后开立。若助跑速度较快，在最后两步可采用垫步的方法来控制身体向前的冲力。掷球动作同原地掷界外球。

助跑掷界外球时，可通过助跑的前冲速度，快速将球掷于同伴，使同伴直接射门得分。该技术具有突然性和直接性，掷出的距离较远，但掷球的时机和落点的准确性较难掌握。

3. 掷界外球技术的训练方法

掷界外球技术的训练方法主要有以下几种。

（1）两人一球，相距 15 米，原地互掷界外球。

（2）两人一球，相距 25 米，两端设两条平行线，助跑互掷界外球。

（3）前场界外球战术练习。

（七）守门员技术

守门员是一个足球队全队防守的核心，其主要任务是不让对方将球射入本方球门。守门员位置职责决定了其与场上其他队员在技术、战术、活动方式和心理等方面具有极大的区别。守门员技术主要包括以下内容。

1. 准备姿势

两脚左右开立，与肩同宽，两脚跟稍提起，身体重心落在前脚掌上。两腿要屈膝并稍内扣，上体稍微前倾，两臂自然屈肘于体前，手指要自然张开，眼睛注视来球。

2. 移动

守门员为更好地堵截和接住对方的传球和射门，必须根据对方射门前球和人的位置变化而相应调整自己的位置，向左右调整位置移动，一般采用交叉步和侧滑步。

（1）交叉步

大多用于扑接两侧高球。向左侧交叉步移动时，身体先向左侧倾斜，同时右脚要用力蹬地，并及时向左前方跨出一步成交叉步，然后左脚应向左侧移动，右脚和左脚依次快速移动并蹬地跃出。向右侧交叉步移动时，动作是相同的，但方向是相反的。

（2）侧滑步

常常用于扑接两侧低平球。向左侧滑步时，要先用右脚用力蹬地，左脚要稍离地面并向左滑步，右脚快速跟上。向右侧滑步时，动作相同，但方向相反。

3. 接球

（1）接地面球

接地面球分为两种：直腿式接球和跪撑式接球。

①直腿式接球。面对来球，弯腰时两膝伸直，两腿分开，距离不得

超过球的直径，两手掌心向上，前迎触球后将球抱于怀中。

②跪撑式接球。多用于向侧移步接球。接左侧球时，左腿屈，右腿跪撑于左脚附近，距离不得超过球的直径，其余动作与直腿式接球相同。接右侧球时，动作相同，但方向相反。

（2）接平空球

平空球指膝以上、胸以下的空中球。接球时面对来球，两手掌心向上，两手小指相靠，前迎接球。上体前屈，当手触球时微后撤以缓冲来球力量，将球抱于胸前。

（3）接高球

面对来球，两臂上伸，两手拇指相对呈"八"字形，其余四指微屈，手掌对球。在最高点手触球瞬间，手指、手腕适当用力，缓冲来球并将球接住，顺势转腕屈肘、下引将球抱于胸前。

4. 发球

发球是守门员接球后组织进攻的手段。常用的方法有手掷球和脚踢球。

（1）手掷球

①单手低手掷球：两脚前后开立，两膝弯曲，单手持球于体侧，掷球前持球手臂后摆，同时身体随之侧转成侧前屈，重心移到后脚上。掷球时，利用后脚向后蹬地和挥臂、甩腕、手指拨球的力量将球掷向预定的目标。

②单手肩上掷球：两脚前后开立，两膝弯曲，单手持球，屈臂于肩上。掷球前，持球手臂后引，同时身体随之侧转，重心移到后脚上。掷球时，利用后脚用力蹬地、转体和挥臂、甩腕的力量将球掷向预定的目标。

③勾手掷球：两脚前后开立，身体侧对出球方向，单手持球后引，臂微屈，同时重心移到后脚上，掷球时，后脚用力向后蹬地，同时转体，重心由后脚移向前脚，当持球手臂由后经体侧沿弧线摆至肩上时，手指和手腕用力将球掷向预定的目标，球出手后，掷球手臂继续前摆，上体前倾后脚向前迈出，维持身体平衡。

（2）脚踢球

①踢空中球：将球置于体前，在球自由下落过程中踢球。它多用于远距离或雨天场地泥泞时。

②踢反弹球：体前抛球，球落地后反弹起来的瞬间将球踢出。它比踢空中球准确性要高，速度要快，出球弧度低，隐蔽性强。

5. 扑球

（1）倒地侧扑球

扑两侧球时，首先做好准备姿势，两眼注视来球，身体重心置于两腿之间，两脚时刻准备蹬地，精力集中。扑球时，异侧脚内侧侧蹬发力，同侧脚屈膝迎球跨出，上体顺势压扑以加速重心的前移倒地，双臂同时迎出接球，腕关节稍内扣，用手掌挡压控球。触球后屈臂收球于胸前，并快速抱球起身。侧倒过程以小腿、大腿、臀部、肩和手臂外侧顺序缓冲着地。

（2）跃起侧扑球

扑球时，确定来球路线后，迅速降低重心，身体向球侧倾斜移动。同侧脚侧上步，用脚掌外侧蹬地发力，使身体呈水平状腾空，两手同时快速迎球，身体展开。接球手形成球窝状，靠压腕和手指用力将球控住。落地时，两手按球，随即屈肘，以前臂、肩部、上体侧面和下肢依次着地。注意屈膝团身护球，并顺势抱球起身。

（3）拳击球

拳击球一般用于出击时的防守，在争抢高球无把握接住球的情况下，可利用单拳或双拳将球击出。击球时要准确判断来球运行路线，及时移动到位，握紧拳，在接近球的刹那迅速出拳击球。

6. 守门员技术的训练方法

守门员技术的训练方法主要有以下几种。

（1）两腿跪在地上，两手持球上举，向两侧做大腿、上体、手臂依次触地的扑球练习。

（2）将球掷向左、右、前、后，守门员依次扑接球。

（3）队员运球直逼守门员，守门员选择最佳时机扑接脚下球。

二、足球战术能力培养

战术是足球运动的保障，制定一个合理的战术计划对足球比赛的走势具有重要的影响。在制定足球战术前，首先要对足球战术有一个大体的了解，然后才能制定战术计划进行训练。

（一）进攻战术

1. 个人进攻战术能力训练

个人进攻战术是指在比赛中为了战胜对手而采取的符合整体进攻目

的的个人行动。个人进攻战术包括传球、射门、运球突破等。

（1）传球

足球比赛中，传球是运用最为频繁，最基础、最重要的技战术手段，同时，传球水平的高低也是一个足球队整体比赛能力的重要体现。

①比赛中，要及时掌握传球的时机。

②气候条件影响传球效果，例如，雨天或是雪天要多尝试传脚下球。

③场地条件影响传球效果，例如，泥泞时少传地滚球，多传空中球。

④掌握好传球的弧线和力度，方向要与接球队员的跑动方向一致。

⑤传中球的弧线要与冲顶射门的同伴的跑动方向相反。

⑥顺风进攻时少传直传球和长传球，传球力量适当小些。

⑦传球路线应尽量避开对方的抢截半径和断球的可能。

⑧逆风进攻时多采用短传球和低球，力量适当大些。

⑨中距离传球可以加快进攻推进速度，失误又相对较少，所以多采用中距离传球。

（2）射门

射门是一切进攻战术配合的最终目的和进攻得分的唯一手段。射门时，运动员应根据场上瞬息万变的情况，通过敏锐的观察，判断来球的速度、落点和防守队员及守门员所处位置的情况选择最佳的射门时机和有效的射门方法。当射门失去角度时，不要盲目的射门，通过合理的运球、传球寻找射门的更大空间。

（3）运球突破

在运球突破时要注意以下时机的把握。

①运球突破主要是在没有射门、传球机会时应用，可以利用假动作、巧妙的技术和速度进行突破，从而创造射门和传球的机会。

②在攻守转换过程中，控球队员在对方半场内，面对最后二名防守队员，并且起身后留出较大空间时，应大胆选择突破其防守。

③控球队员在对手贴身紧逼，失去传球和射门的角度时，应采用运球突破摆脱其逼抢，寻找更好的进攻机会。

④同伴处于越位位置而又没有其他更好的传球选择时，应果断运球突破，直接攻门。

2. 局部进攻战术能力训练

局部进攻战术是指进攻中两个或两个以上队员之间的配合方法。它是集体配合的基础。局部进攻战术有很多的配合方式，如交叉掩护二过一配合、传切二过一配合、三过二配合等。

（1）交叉掩护配合

交叉掩护配合是指在局部地区两名进攻队员在运球交叉换位时，以自己的身体掩护同伴越过防守队员的配合方法（图 7-19）。交叉掩护配合要注意以下两点。

①运球队员要护好球，同时挡住对方防守队员，将球传给同伴后，继续向前跑动。

②接球队员必须主动迎面跑向运球同伴，交叉距离贴近，接球后快速向前运球。

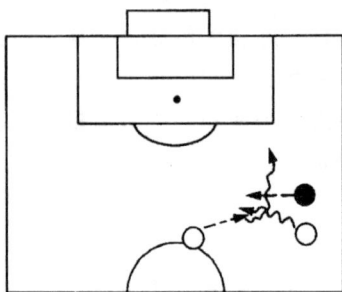

图 7-19

（2）传切配合

局部进攻战术使用最为频繁的战术配合就是传切配合，即控球队员将球传给切入的进攻队员的配合方法。传切配合的形式主要有两种，一是局部传切配合，二是长传转移切入。

①局部传切配合。按传切的线路可分为斜传直切（图 7-20）和直传斜切（图 7-21）两种。

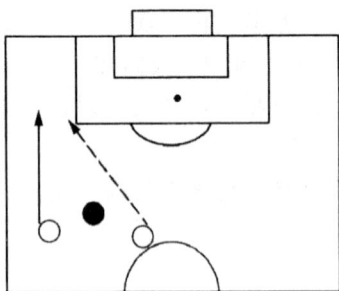
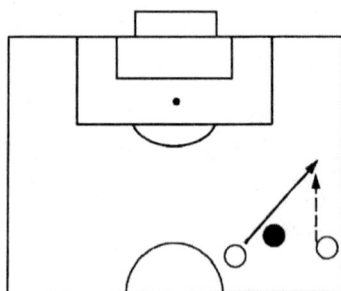

图 7-20　　　　　　　　　　　图 7-21

②长传转移切入。一侧进攻受阻，长传转移到另一侧，切入队员得球后展开进攻。

（3）三过二配合

比赛中局部地区由 3 个进攻队员通过相互配合摆脱防守的配合方法，称为三过二配合。

如图 7-22 所示，⑦控球，⑥做假接应，⑨斜插把防守支开，⑥插上至⑨制造出的空当接⑦的传球，突破防守。

如图 7-23 所示，⑨向后跑动接球，再将球传给⑥，⑦假动作并伺机从内线切入接⑥的传球突破防守。

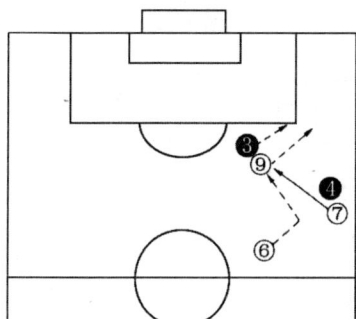 

图 7-22　　　　　　　　　　　　图 7-23

3. 集体进攻战术能力训练

（1）阵地进攻

阵地进攻是指防守方运动员在本方的半场占据防守位置时组织的进攻。阵地进攻由于攻守双方的人数基本平衡，因此没有较大的空间。这就要求进攻方不断的频繁活动，将跑动、穿插、策应有效地结合起来，达到扰乱对方防守的目的，尽可能地在局部地区打出空间，给对方造成人数上的不平衡。阵地进攻的关键是要利用场地长度和宽度进行机动跑位，不断调动防守者的位置。

①中路渗透

前场发动进攻、中场发动进攻、后场发动进攻是中路渗透的三种基本形式。下面是各种中路渗透进攻的整体战术打法。

前场发动进攻：前场发动进攻主要靠前锋回撤后在其身后形成的空当，由其反切插入；或由后排的前卫、后卫插入。具体方法是在罚球区附近做踢墙式二过一的配合，对突破对方中路密集防守有显著的效果。

中场发动进攻：中场发动进攻，前卫队员担负着组织核心的重要角色。常常采用短传配合的方法来进行，并以各种二过一来摆脱对方的防守。主要有三种打法，如图 7-24、图 7-25 和图 7-26 所示。

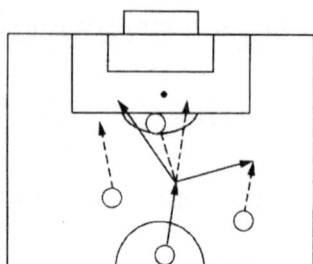

图 7-24

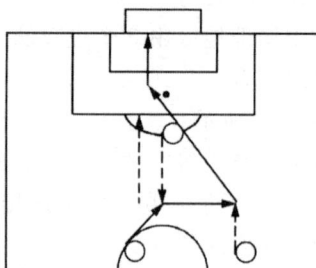

图 7-25

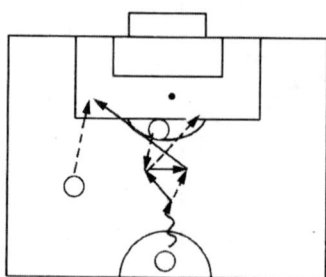

图 7-26

后场发动进攻：

守门员发动进攻（图 7-27）。

后卫发动进攻（图 7-28）。

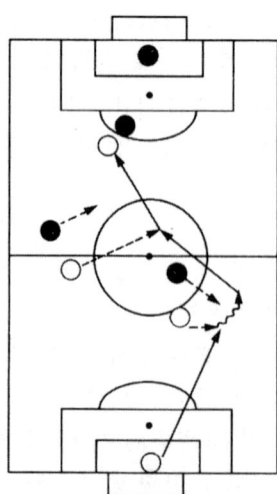

图 7-27

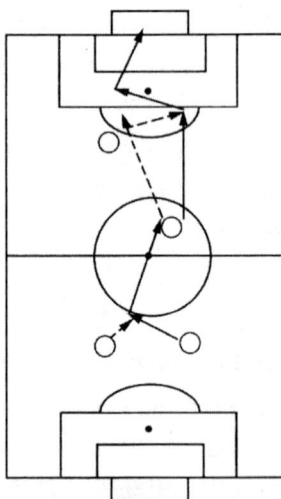

图 7-28

②边路传中

在对方半场的两侧组织发动进攻，以传中为主要的进攻手段就是边路传中。由于边路进攻直接得分的可能性不大，因此大多是由异侧队员和中路队员插上，边路传中完成射门。传中球要弧度低、球速快，具有明显的内旋。这种球对于防守队员和守门员来说，在判断、抢断上难度都非常大，并且有利于射门得分。

③中边转移

一般来说，足球场上中路人数较为密集，中路渗透很难达到预想的效果。如果中路没有机会进攻，应快速的将球转移给边路，分散防守队员的注意力，然后由边路突破再将进攻方向转到中路。

（2）快速进攻

快速进攻战术是由守转攻时，抓好对方组织的时间差，通过快速有效的传接配合，创造射门机会。

①中路突破

中路突破快攻主要形式有个人突破和配合突破两种。配合突破是通过整体进攻完成的，具体如图 7-29 所示。

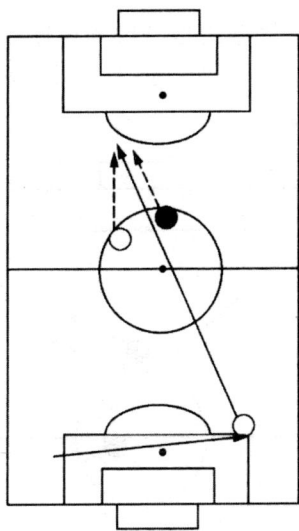

图 7-29

②边路传中

快攻中通过边路的进攻主要有个人突破及边路队员快速插上到防守者的身后接球突破两种形式。

如图 7-30 所示，为个人突破边路传中。

如图 7-31 所示，为配合突破边路进攻。

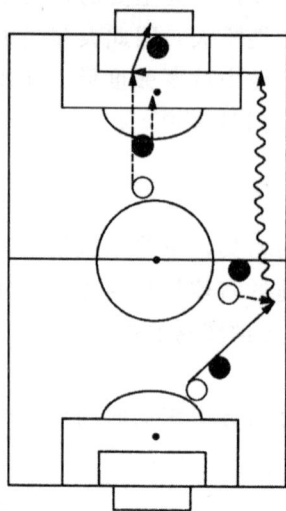 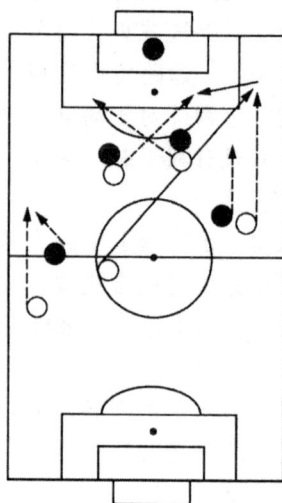

图 7-30   图 7-31

③中边转移

快攻中的中边转移主要形式是中后场得球后一次性直接将球长传至边路，由边路队员突破（图 7-32），或者经过中场的一两次传递后再将球分到边路，由边路队员突破。

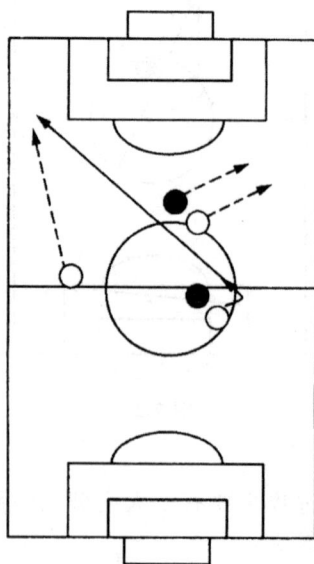

图 7-32

（二）防守战术

1. 个人防守战术能力训练

（1）断球

断球是指拦截或破坏对方传球的战术行为。断球是本方由守转攻、由被动转主动的最有效的战术活动。断球能够迅速地组织反击，同时也是得分的有效手段之一。

在断球时需要注意以下几个要点。

①恰当的时机：在对方出脚传球的一瞬间，快速启动，先于对方接球的路线，将球拦截。

②正确的判断：根据自身的经验和观察，准确判断对方传球意图和路线，做到提前预判，提前行动。

③合理的位置：在正确选位的基础上，偏向有球一侧移动，并"松动"防守。

（2）抢球

抢球是指将对方控运的球抢过来或破坏掉的战术行动。在个人战术中，抢球占有重要的地位，也是个人防守能力的重要体现。

在抢球时需要注意以下几个要点。

①合理的距离：通过移动与持球对手保持最适宜的距离。

②准确的时机：在对手接控球未稳或控、运球两个触球动作之间的时机，将球抢下来或破坏掉。

③正确的站位：抢球首先要选择有利的位置，最好是在持球对手与球门中点之间站位，这个位置挡住了对方突破的最佳路线。对方运球向两侧扯动时，即为抢球创造了有利条件。

2. 局部防守战术能力训练

局部防守战术是指两个或两个以上防守队员之间的配合方法。它是集体防守战术的基础。其基本配合形式有：补位、保护和围抢。

（1）补位

补位是同伴之间相互协助的一种战术配合，是防守队员弥补同伴在防守中出现的漏洞。足球比赛中，同伴间的相互补位，有利于制约对手的进攻行动，有利于变被动为主动。

补位的方式主要有以下几种。

①当前卫队员或后卫队员来不及插上时，临近的队员应暂时填补该

位置，以制约对方运球的速度，防止对手反击。

②当同伴被突破后，保护队员要及时补位防守，将球夺回来或阻断其进攻路线。被突破的队员也要积极回撤，补位同伴的位置或是协助同伴进行防守。

③守门员出击时，后卫队员要及时回撤到球门线附近，弥补守门员的位置，防止守门员出击失误，对方突然射空门。

（2）保护

保护是指给逼抢对手的同伴行动上和心理上的支持，使同伴没有顾虑，能够将全部注意力放在逼抢对手上。如果被对方突破，负责保护的队员还可以及时补防，拦截球权或封堵进攻路线。如果逼抢队员夺得了控球权，保护队员可以与同伴进行技战术配合。保护有以下几个要求。

①保护队员要通过语言指挥同伴抢截和选位，并且彼此都应了解对方位置，从而进行默契的配合。

②保护队员选位要根据临场具体情况随时调整角度，如果同伴堵内放外，保护队员选位角度偏向外线。如果同伴堵外放内保护队员选位角度应偏向内侧，配合同伴形成夹击之势。

③保护队员与逼抢队员的距离是动态变化的，根据不同场区应有所不同：后场3~5米；中前场4~8米。根据持球队员的不同特点也应有所变化，对速度型队员距离应稍远些，对技术型队员距离应近些。

④保护队员选位时还应考虑双方人数的对比。二防一时，全力保护、夹击。二防二时，既要保护同伴防突破，又要兼顾自己应盯防的对方接应队员。二防三时，主要是延缓对方的进攻速度，为其他队员争取回防的时间。

（3）围抢

围抢是指两个或两个以上队员围攻或夹击对方持球者，同时把球破坏或抢断的战术行为。

在进行围抢时需要注意以下几个要点。

①要在局部地区守方人数较多的地区进行围抢，并统一思想，配合协调、默契。

②被围抢的人控球不稳时，并且附近没有队友接应时，应果断地进行围抢。

③一般应在边、角场区，对方身体方向和观察角度较差时或在守方门前接球、运球、射门时，坚决展开围抢封堵。

3. 集体防守战术能力训练

集体防守是指全队都参与防守并进行配合。集体防守基本分为三种形式：人盯人防守、区域盯人防守和混合盯人防守；集体防守基本打法有：前逼压式打法、层次回撤式打法和快速密集式打法。

（1）人盯人防守

人盯人防守是指全队每个人都有固定的防守对象。其中主要特点就是在全场攻防的空间、时间中，对进攻方的每个队员都进行打压和制约。人盯人防守要注意以下几点。

①每个队员都应具备较强的技战术能力。

②每个队员都应具备较强的身体素质。这主要是由每个队员在场上频繁的跑动和逼抢决定的。

③每个队员之间配合要默契。当同伴盯人失误时，邻近队员根据场上情况，进行迅速、灵活补位，以保全整体人盯人防守的严密性。

（2）区域盯人防守

区域盯人防守是指防守队员占有一定的区域，当进攻方进入此区域时，负责区域防守的队员应迅速防守逼抢，制约进攻方的一切有利行动。每个区域中，队员都有明确的任务，但也需要同伴之间的相互协作，当某一区域盯人防守失败时，邻近队员应及时补位，被突破防守队员应迅速回撤并及时换位，使集体防守具有较高的严密性。区域盯人防守要特别注意各区域间交界处的防守。因为这些交界处常常由于防守职责不明确而给进攻者带来可乘之机。

（3）混合防守

混合防守是人盯人防守和区域盯人防守的结合打法，这种防守方式能够灵活地综合以上两种方法的特点，取长补短，提高集体防守的实效性。在采用这种防守形式时，应选择体力好、个人综合能力强的优秀队员，其他队员采用区域盯人防守。例如，对进攻方前场得分手和中场组织者实施人盯人防守，其他队员采取区域盯人防守。采用这种防守方式时一定要注意彼此间的配合，相互协作好，才能发挥其最大的功效。

参考文献

［1］李卫东．我国青少年校园足球竞赛体系的研究［D］．上海体育学院博士论文，2012.

［2］薛明．长沙市青少年校园足球竞赛体系构建研究［D］．湖南师范大学硕士论文，2014.

［3］常绍舜．系统科学方法概论［M］．北京：中国政法大学出版社，2004.

［4］许国志．系统科学［M］．上海：上海科技教育出版社，2010.

［5］刘丹，赵刚．青少年足球训练纲要与教法指导［M］．北京：人民体育出版社，2011.

［6］李纪霞．全国青少年校园足球活动发展战略研究［D］．上海体育学院博士论文，2012.

［7］褚琪晖．校园足球背景下中小学足球师资现状与对策研究——以河南省校园足球省级布局城市为例［D］．河南大学硕士论文，2014.

［8］李拓键．济南市青少年校园足球开展现状及对策研究［D］．山东师范大学硕士论文，2013.

［9］马跃．长春市高中校园足球训练现状与对策研究［D］．东北师范大学硕士论文，2014.

［10］张洪瑞．探析校园足球可持续发展对中国足球的重要性［D］．山东大学硕士论文，2013.

［11］朱宏庆．足球技战术分级教学研究［M］．济南：山东大学出版社，2010.

［12］汤信明．足球运动教学与训练［M］．武汉：华中科技大学出版社，2012.

［13］曲晓光．现代足球训练理念诠释与应用［M］．广州：华南理工大学出版社，2009.

［14］美国国家足球教练员协会．经典足球指导教材［M］．北京：北京体育大学出版社，2009.

［15］彭云．足球运动员技战术意识的培养与提高［J］．重庆与世界，2011（9）．

[16] 王建国. 青少年课外体育竞技指南：足球指南 [M]. 合肥：安徽师范大学出版社，2012.

[17] 谭思洁，王健，郭玉兰. 青少年运动健康促进导论 [M]. 北京：知识产权出版社，2012.

[18] 刘卫民. 青少年足球运动员选材制度研究——基于相对年龄理论 [M]. 武汉：华中师范大学出版社，2014.

[19] 全国体育院校教材委员会审定. 现代足球 [M]. 北京：人民体育出版社，2012.

[20] 王崇喜. 足球教学设计 [M]. 北京：高等教育出版社，2009.

[21] 刘丹. 足球运动训练与比赛监控的理论及实证 [M]. 北京：人民体育出版社，2012.

[22] 王民享，吴金贵. 现代欧美足球训练理念与方法 [M]. 北京：北京体育大学出版社，2010.

[23] 康喜来，万炳军. 青少年运动训练原理与方法 [M]. 西安：陕西师范大学出版社，2012.

[24] 张杰，宋海圣，刘志辉. 大学校园足球训练实践 [M]. 北京：中国时代经济出版社，2015.

[25] 南来寒. 足球 [M]. 长春：吉林文史出版社，2014.

[26] 何志林. 足球教学训练工作指南 [M]. 北京：人民体育出版社，2010.

[27] 黄竹杭，王方. 足球训练设计 [M]. 北京：高等教育出版社，2010.

[28] 邱建国. 我国青少年体质健康促进长效保障体系构建的理论创新研究 [M]. 长春：吉林大学出版社，2015.

[29] 耿剑峰. 校园足球文化建设研究 [M]. 长春：吉林大学出版社，2017.

[30] 邱建国，任保国，杜春龙，任玉勇. 山东省全民健身公共服务体系构建现状与发展策略研究 [J]. 中国体育科技，2014（4）.